新课程标准背景下小学道德与法治课程资源开发研究与实践

苏巧丽　著

东北大学出版社

·沈　阳·

ⓒ　苏巧丽　　2024

图书在版编目（CIP）数据

新课程标准背景下小学道德与法治课程资源开发研究
与实践／苏巧丽著. --沈阳：东北大学出版社，2024.

8. --ISBN 978-7-5517-3578-0

Ⅰ. G623.102

中国国家版本馆 CIP 数据核字第 2024X9R669 号

出　版　者：东北大学出版社
　　　　　　地址：沈阳市和平区文化路三号巷 11 号
　　　　　　邮编：110819
　　　　　　电话：024-83683655（总编室）
　　　　　　　　　024-83687331（营销部）
　　　　　　网址：http://press.neu.edu.cn
印　刷　者：辽宁一诺广告印务有限公司
发　行　者：东北大学出版社
幅面尺寸：170 mm×240 mm
印　　张：9
字　　数：167 千字
出版时间：2024 年 8 月第 1 版
印刷时间：2024 年 8 月第 1 次印刷
责任编辑：王　旭
责任校对：周　朦
封面设计：潘正一
责任出版：初　茗

ISBN 978-7-5517-3578-0　　　　　　　　定　价：52.00 元

前　言

随着基础教育课程改革力度的不断加大，课程资源的重要性日益显现出来，课程资源的丰富性和适合度决定着课程目标的实现范围和实现水平。道德与法治课程作为义务教育阶段的思政课，在提升小学生道德与法治素质、道德修养、法治素养和人格修养方面起着关键引领作用。课程是为落实培养目标服务的，课程资源建设要紧扣核心素养这个育人目标，要与核心素养精准对接，从而为培养有理想、有本领、有担当的时代新人打牢思想根基。

《义务教育道德与法治课程标准（2022 年版）》（以下简称"2022 年版课标"）对道德与法治课程资源建设提出了非常明确、细致的要求。因此，在新时期，小学道德与法治教学要适应新课程改革的要求，就必须在课程资源的开发上有所创新。小学道德与法治课程资源的开发，要在明确课程目标的前提下，着眼于学生的真实生活和现实问题，为学生的学习提供有效、渐进的阶梯，认真筛选与课程目标一致且与落实学生核心素养相对应的课程资源，从而达到课程资源应用效益的最大化。

本书主要阐述了课程资源和小学道德与法治课程资源的含义，深入分析了小学道德与法治课程资源的特点、分类和开发利用的原则及意义，探索了小学道德与法治课程资源开发的现实路径，并精选了一些课程资源开发的课例。

在本书撰著过程中，著者查阅了大量国内外的最新研究成果、文献资料及部分专家学者的著作，在此向相关作者表示由衷的感谢。由于著者经验有限，本书中难免存在不足之处，还请读者多提宝贵意见，以兹改进。

著　者

2024 年 3 月

目　录

第一章 绪 论

　　课程资源是我国新一轮基础教育课程改革提出的一个重要概念，课程资源的开发利用也是新课程改革至关重要的一环。没有课程资源的广泛支持，再美好的课程改革设想也很难变成实际的教学成果。课程资源是课程的前提，没有课程资源就没有课程；课程资源的开发是课程实施的重要保障，课程资源的丰富性和适合度决定着课程目标的实现范围和实现水平。可见，在新时期，小学道德与法治教学要想适应新课程改革的基本要求，就要在课程资源的开发方面有所突破。而要想实现小学道德与法治课程资源的有效开发利用，发挥课程资源在小学道德与法治改革中的重要作用，首先要对课程资源及小学道德与法治课程资源的内涵进行界定。在此基础上，要进一步分析小学道德与法治课程资源的特点、类型及开发利用所应遵循的原则，这是强化小学道德与法治课程资源意识、提高课程资源开发水平的理论前提。

▶▶ 第一节　相关概念的界定

一、课程资源

　　课程资源属于资源科学的研究领域。《中国资源科学百科全书·资源科学》中指出，资源科学研究的对象是资源，它包括人类生存和发展所需的自然资源和社会资源。社会资源是指与自然资源的开发利用相关的人力资源、科技与教育资源等。资源具有多种属性。[①] 课程资源是一种特殊的社会资源，国内学者对其定义是基于广义的资源概念。

---

① 周广强. 新课程教师课程资源开发和整合能力培养与训练［M］. 北京：人民教育出版社，2004：17.

（一）课程资源内涵的相关研究

课程资源的研究在国外并没有一个统一的表达方式，而是隐含在课程理论的发展中。实用主义教育家杜威对学校课程的构建有着深远的影响。他主张将课程知识与学生的生活经验相结合，让学生在实践活动中感受知识。1918年，博比特的著作《课程》的出版，奠定了课程理论的基础。他受"科学管理原理"的启发，认为教育应与社会环境相适应，应根据社会需求来确定课程目标，并以社会所要求的知识、技能和态度为课程内容。查特斯的《课程编制》于1923年出版，该著作认为，科学理论具有客观性和普遍性，有助于学习者理解课程。查特斯认为课程应由理想和活动两部分构成，并强调理想是课程的重要组成部分。[①] 坦纳夫妇从社会、知识和学习者三个方面探讨了课程的来源。[②] 泰勒的《课程与教学的基本原理》于1949年出版，该著作指出，课程主要来自对学习者、对当代社会生活和对学科专家意见的研究，并通过确定目标、选择经验、组织经验和评价结果四个步骤来实施课程。泰勒的课程基本原理为后续的课程资源研究提供了系统的框架。课程不应局限于学科知识，而应围绕当代社会问题和学生关注的社会现实来组织课程，以促进学生在社会方面的发展。可见，课程资源不是孤立的，社会中存在着许多潜在的课程资源。学生中心主义认为，编制课程要以学生的兴趣、动机、需要、能力和价值等为依据。20世纪70年代以后，人本主义进一步强调了情感在课程中的重要性，而不仅仅是认知。其代表人物罗杰斯认为，课程教育的目的是让学生体验到个人意义，这种意义是由个人赋予教材的。因此，学生自身既是课程不可或缺的一部分，也是最核心的一种资源，只有与学生关心的事物相联系，才能使教材成为有价值的资源。

课程资源是一种教育资源，它与课程的构建、实施和评价密切相关。我国学者对课程资源的内涵进行了多方面的深入分析，根据研究的角度和重点，形成了两种不同的观点。一种观点是从课程实施的角度出发，认为课程资源是指一切具有教育价值、能够纳入课程体系、有利于实现教学目标的人力、物力和精神要素。这些要素既是课程形成的来源、课程设计和实施的组成部分及条件，也是课程呈现的基础。另一种观点是从课程开发的角度出发，认为课程资源是指在课程设计、实施和评价等整个过程中可以利用的一切人力、物力和自

---

① 张传燧. 综合实践活动的课程资源及其主题开发设计策略 [J]. 教育科学研究, 2004 (6): 32-35.
② 吴刚平. 课程资源的开发与利用 [J]. 全球教育展望, 2001 (8): 24-30.

然资源。这些资源包括教材及学校、家庭和社会中所有有助于提高学生素质的资源。这些资源既是知识、信息和经验的载体，也是课程实施的媒介。

无论哪种观点，都认为课程资源具有教育价值和课程潜能，即它们能够为课程实施服务，有利于课程目标的实现。然而，这两种观点也存在一些不足之处，如没有充分体现课程资源的价值取向及与学习者的关系。因此，在界定课程资源时，还需要考虑以下四个方面。

第一，课程资源应该符合教育目标和价值观，反映教育理念和教育需求。

第二，课程资源应该与学习者的兴趣、需求、特点和背景相适应，促进学习者的主动参与和自主学习。

第三，课程资源应该具有多样性、开放性和动态性，能够适应不同情境和变化，激发学习者的创造力和探究精神。

第四，课程资源应该与其他教育要素相协调，形成有效的教学组织和管理方式。

（二）课程资源的含义

课程资源是一种教育资源，它与课程的建设、实施和评价密切相关。根据众多学者的研究成果，课程资源可以分为广义和狭义两种。广义的课程资源指在课程开发和实施过程中一切可以被利用的、有利于达到教育目的的资源。这些资源包括物质、观念及制度层面的各类校内外资源。它们涉及课程目标、课程内容、教学活动及课程评估等方面。这种界定既有助于克服将课程资源仅限于课程实施资源的狭隘观念，也有助于区分课程资源和教育资源，避免过度泛化课程资源内涵的弊端。狭义的课程资源仅仅指有利于学校课程实施的各种地域性素材。对这一概念的理解要注意以下四个方面：第一，学校课程包括国家课程、地方课程及校本课程；第二，课程实施既包括国家课程的实施，也包括地方课程和学校开发课程的实施；第三，地域性素材是指与课程内容密切相关的地域文化教育资源；第四，与仅仅依托教材相比，开发和利用课程资源能更有效地实现课程目标、达到教育目的。

目前，对于课程资源的含义还没有形成统一的观点，但一般认为，课程资源是指在整个课程编制过程中可以利用的一切人力、物力及自然资源的总和。这一概念不仅将课程资源纳入课程设计、实施和评价等各个环节，而且区分了主要课程资源的类型，使概念在外延和内涵上都更加明确。

二、小学道德与法治课程资源

小学道德与法治课程资源是指在小学道德与法治课程的设计、实施和评价等过程中，有利于实现小学道德与法治课程目标的各种因素和条件。它是一种教育资源，广泛存在于学校、学生生活、社会及自然界中，能够支持小学道德与法治课程的实施，促进小学道德与法治教育目标的实现。"小学道德与法治课程资源"这一复合概念，既体现了小学道德与法治课程的特点，又反映了资源的属性。

2022年版课标将道德与法治课程资源分为图书、音像资料、数字化资源，以及现实生活中鲜活的案例。

（1）图书与音像资料。这类资源主要包括小学道德与法治教材，涉及经济、道德与法治、文化等社会科学，以及时事政治与法治等方面的报刊、图书、图片、录音、录像、影视作品等。它们是小学道德与法治课程的重要内容来源和教学载体。

（2）数字化资源。这类资源主要包括利用信息技术收集和处理网络资源，如文字资料、多媒体资料、教学课件等。它们是小学道德与法治课程的重要信息来源和教学工具，能够扩大课程资源的范围，加深课程资源的深度，提高课程资源的时效性和互动性。

（3）现实生活中鲜活的案例。案例教学是道德与法治课程教学中最常用的一种教学方式。教师在课堂上开展案例教学，可以帮助小学生巩固知识、升华认知。教师通过案例把复杂枯燥的知识形象地展现出来，这样学生经过学习、讨论、交流、总结等环节，就可以很好地把多种信息、观点与经验进行碰撞与融合。最后，可以让学生心悦诚服地接受知识，并且从思想上、行动上改掉很多陋习。

由此可见，小学道德与法治课程资源不仅仅局限于教材和辅导资料，而是包括学校、社会、自然界中与小学道德与法治教育相关的各种现象、人物和事件等。在小学道德与法治教育教学过程中，每名参与者（教师或学生）都可以将自己独特的知识、技能、兴趣、态度、情感、价值观和方法作为其他学习者的教育资源，在互动中提升自己的道德与法治素养。可以说，小学道德与法治课程资源具有与时俱进的特点，其内涵在不断发展中趋于成熟和完善。

>> 第二节 小学道德与法治课程资源的特点

《义务教育课程方案（2022年版）》中明确提出"基于核心素养培养要求，明确课程内容选什么、选多少，注重与学生经验、社会生活的关联，加强课程内容的内在联系，突出课程内容结构化，探索主题、项目、任务等内容组织方式"等，为课程资源开发的逐步深入和细化指明了方向。小学道德与法治课程资源作为课程资源的一种，既有所有课程资源的共性，又有其学科特性。概括而言，其有以下三个特点。

一、思想性

道德与法治课程是落实立德树人根本任务的关键课程，是义务教育阶段的思政课，旨在提升学生思想道德与法治素质、道德修养、法治素养和人格修养等，增强学生做中国人的志气、骨气、底气，为培养以实现中华民族伟大复兴为己任的有理想、有本领、有担当的时代新人打下牢固的思想根基。

道德与法治课程立足于发展学生核心素养，以立德树人为根本任务，发挥课程的思想引领作用。因此，不同于其他学科，它更加强调广泛开发和充分利用各种形式的资源。因为道德教育、法治教育不能离开生活和社会场景，不能被抽象化和被剥离，更不能贴标准答案的标签。如果仅限于照搬教材、空洞说教，那么根本无法触及学生丰富多彩又异常敏感的内心世界。小学道德与法治课程应创造性地对教材内容进行合理的增减、补充、拓展、完善乃至重组，将社会主义先进文化、革命文化、中华优秀传统文化、国家安全、生命安全与健康等重大主题教育有机融入其中，增强课程思想性。

二、时代性

所谓时代性，即时代特点，是指当代特有的或与前代有不同之处的特征，以及对历代事物用当代观点所进行的思考和阐述。小学道德与法治作为一门特殊的课程，具有鲜明的时代性，它既要符合时代发展的要求，又要满足学生的实际需要。小学道德与法治课程必须是与时俱进的课程，不能脱离时代背景、脱离社会形势。习近平总书记多次强调，要着力增强小学道德与法治教育的时代性和感召力。我国社会主义初级阶段的小学道德与法治教育，是为培养有理想、有道德、有文化、有纪律的社会主义建设者和接班人而服务，是为完善和巩固中国特色社会主义制度而服务，因此，小学道德与法治课必须紧跟时代步伐。为此，小学道德与法治课程资源的开发也要充分体现时代性，紧密联系国内外形势和我国社会主义现代化建设的实际，不断调整和充实教学内容，反映当今世界的发展趋势和我国发展的时代特征。

此外，小学道德与法治课程资源本身也具有时代性，它不是静止不变的，而是随着经济的发展、社会的进步、小学道德与法治教育的拓展而不断延展和更新。这就要求我们能够灵活地运用各种资源作为影响、支持并构成小学道德与法治课程的要素，使之成为小学道德与法治课程资源的一部分。小学道德与法治课程具有一个显著的特点——强烈的时代性。小学道德与法治作为一门理论与实践相结合的学科，在教学中必须紧扣现实生活，在课程设置上必须体现新课程改革的特色和要求。同时，要将国内和国外的形势结合起来，突出教学内容，引入时政热点，激发学生的学习兴趣，引导学生主动分析教学内容，培养学生辨别是非、分清善恶的能力。小学道德与法治课教师要随时调整和充实教学内容，准确把握课程理念，把学生的进步和发展放在首位，走在新课程改革前沿，关注社会关于课程资源发展的最新动态，充分开发、整合和应用道德与法治学科的课程资源，引导学生树立正确的世界观、人生观和价值观，帮助学生确立中国特色社会主义信念和共同理想。

三、多样性

可以从不同的角度和来源对课程资源的概念和分类进行界定。例如，胡森和波斯特尔斯维特将课程资源分为目标资源、教学活动资源、组织教学活动的资源、制订评估方案的资源。① 又如，泰勒从现代学校教育的视角出发，指出课程计划的三大来源：对学习者本身的研究、对校外当代生活的研究和学科专家的建议。②

具体到小学道德与法治课程教学，课程资源的形式具有多样性。小学道德与法治课程作为综合性课程，其广泛的课程内容必然联系着广泛的课程资源。在教学中，要将视野投射到社会生活的广阔范围，将思维的触角伸展到人类活动的所有领域。丰富的资源内容可以使教学更生动鲜活，对学生的启发更有

---

① 江山野. 简明国际教育百科全书·课程［M］. 北京：教育科学出版社，1991：112-115.
② 马云鹏. 课程与教学论［M］. 3版. 北京：中央广播电视大学出版社，2015：54.

效，对课程育人的价值引领更有力量。

道德与法治课程资源的种类多种多样，教师只有树立课程资源意识，才能深刻地认识资源的种类与功能，才能让课程资源在课程实施、教学层面发挥作用，真正实现课程的价值。

道德与法治课程资源的多样性和适合度决定着课程目标的实现范围和实现水平。没有课程资源的广泛支持，再美好的课程改革设想也只能是海市蜃楼、昙花一现。因此，教师要增强课程资源意识，让多样的课程资源激活道德与法治课堂，为学生建构新知识提供支架，从而有效落实学生核心素养的培养要求。

≫≫ 第三节　小学道德与法治课程资源的分类

课程资源的分类是指按照一定的依据和特点，将各种不同的课程资源归类和区分，从而形成课程资源的系统和次序。这样做的意义在于让我们更好地认识和利用各种课程资源。从课程资源的来源来看，可以根据《基础教育课程改革纲要（试行）》的划分，将课程资源分为校内课程资源、校外课程资源和信息化课程资源三类。该文件还明确指出：积极开发并合理利用校内外各种课程资源，学校应充分发挥图书馆、实验室、专门教室及各类教学设施和实践基地的作用；广泛利用校外的图书馆、博物馆、展览馆、科技馆、工厂、农村、部队和科研院所等各种社会资源以及丰富的自然资源；积极利用并开发信息化课程资源。著者认为，一般而言，可以从以下六个方面进行分类。

一、根据小学道德与法治课程资源的功能特点分类

根据课程资源的功能特点，小学道德与法治课程资源可分为素材性课程资源和条件性课程资源。[①] 素材性课程资源是指能够直接作为课程实施的来源或素材的课程资源，如理论、情感、态度、价值观、知识、技能、经验、活动方式和方法等。条件性课程资源是指不直接构成课程内容，但会对课程实施的范围和程度产生影响的课程资源，如人力、物力、财力、媒介、设施、时间、场地、环境，以及对课程本身的认识状况等。此外，有些课程资源既有素材性又

---

① 吴刚平. 课程资源的理论构想 ［J］. 教育研究，2001（9）：59-63.

有条件性，如博物馆、实验室、互联网、图书馆等，它们既是课程本身的素材，又是课程实施的外在条件。

二、根据小学道德与法治课程资源的来源分类

根据课程资源的来源，可将小学道德与法治课程资源分为校内课程资源和校外课程资源。

校内课程资源包括：校内的各种图书资料，如小学道德与法治教材、工具书、报纸、杂志和其他图书等；校内的各种场所和设施，如教室、图书馆、实验室、信息中心等；校内的人文资源，如校风校纪校训、校容校貌、教师群体特别是专家型教师、学生团体、师生关系、班级组织等；与小学道德与法治教育教学密切相关的各种活动，如早会、班会、报告会、演讲会、辩论会、研讨会、讲座、社团活动等。校内课程资源是最便利和最基本的课程资源，对实现课程目标和促进学生发展至关重要。因此，小学道德与法治课程资源的开发应该首先着眼于校内课程资源。

校外课程资源包括学生家庭、社区乃至整个社会中的一切可被运用于小学道德与法治教育教学实践活动的设施、条件及丰富的自然和人文资源。例如：学生家庭中的电脑、图书、报刊、学习工具等；社区的图书馆、展览馆、少年宫、天文馆、博物馆、科技馆和各种文化设施等；自然风光、文物古迹、风俗民情等；国内外的重要事件；等等。校外课程资源能丰富课程资源的形式和内容，弥补校内课程资源的缺陷和不足，对其进行充分开发，有利于转变教育教学方式，提高教育教学效率和质量，从而更好地满足小学道德与法治新课程改革的需要。

三、根据小学道德与法治课程资源的性质分类

根据课程资源的性质，可将小学道德与法治课程资源分为自然课程资源和社会课程资源。

自然课程资源是指自然界中的各种资源，如花草树木、名山大川、大漠孤烟、长河落日等。对其加以恰当的开发，会丰富小学道德与法治教育教学的形式和内容，使学生在小学道德与法治学习中认识自然、融入自然并与自然和谐相处，促进学生综合素质的提高。

社会课程资源是指社会中的各种资源，如社会的发展、文化的走向、各类事件等。对其加以开发，会使小学道德与法治教育教学更贴近社会现实，有利

于培养学生的社会责任感和公民意识。人类的一切经济、道德与法治和文化交往活动，以及影响人类社会生产和生活的风俗习惯、价值观念、道德伦理、宗教信仰等，都是小学道德与法治教学不可或缺的社会课程资源。

四、根据小学道德与法治课程资源的存在方式分类

根据课程资源的存在方式，可将小学道德与法治课程资源分为显性课程资源和隐性课程资源。

显性课程资源是指能够直接感观到的实物资源，如教材、参考资料、学习辅导材料、自然和社会资源中的实物和活动、计算机网络等。这些资源可以直接运用于小学道德与法治教育教学活动，为教育教学提供可见性的支持。

隐性课程资源是指以潜在的形式对教育教学活动施加影响的资源，如社会风气和学校风气、家庭氛围、师生关系、情感、体验和价值观等。这些资源不直接构成教育教学的内容，但具有间接性和隐蔽性的特点，对教育教学活动的质量具有潜移默化、深远持久的影响。因此，我们更需要在隐性课程资源开发方面付出艰辛的努力。

五、根据小学道德与法治课程资源的载体形式分类

根据课程资源的载体形式，可将小学道德与法治课程资源分为以人为载体的课程资源、以物为载体的课程资源和以活动为载体的课程资源。

以人为载体的课程资源是指参与或影响教育教学过程的人员，如教师、学生等。他们是最基本也是最重要的课程资源，他们的知识、技能、经验、情感、态度等都是宝贵的素材。此外，社区乃至整个社会的相关人士也可以成为小学道德与法治教育教学活动的重要人力资源。例如，可以聘请法官对学生进行法治教育，可以邀请大学教授、知名学者为学生做讲座，可以邀请公务员、导游或企业领导者为学生介绍各行各业的知识，既让学生在生活中体验和感知小学道德与法治课程的魅力，也让小学道德与法治课程本身更贴近生活、贴近实际。

以物为载体的课程资源是指教育教学过程中使用的各种物质资源，如教材、参考资料、学习辅导材料、自然和社会资源中的实物和活动、计算机网络等。它们可以直接运用于小学道德与法治教育教学活动，为教育教学提供可见性的支持。此外，社区可供利用的物质资源更是数不胜数，如图书馆、展览馆、档案馆、商店等，都可以成为为教学服务的课程资源。

以活动为载体的课程资源是指教育教学过程中发生的各种活动，如个人活动、课堂教学活动、班集体的其他校内活动、社会活动和网络活动等。这些资源可以提高学生多方面的素质，发挥课堂中讲授、讨论、答疑、分析、探究等活动的作用，引导学生之间的对话与交流，解决竞争与合作的问题。当然，对于网络活动，教师要给予积极正确的引导，使学生在上网过程中扩大知识面，增长见识。

六、根据小学道德与法治课程资源的其他角度分类

从其他角度来看，小学道德与法治课程资源还可以有不同的分类方法。例如，根据小学道德与法治课程资源的物理特性和呈现方式，可分为文字资源、实物资源、活动资源和信息资源。

根据课程资源开发与利用的过程，可将小学道德与法治课程资源分为课程目标与课程政策制定过程中所要开发与利用的资源、课程内容选择中所要开发的资源、课程实施活动中所要开发的资源、课程评价环节中所要开发的资源。这些不同阶段的课程资源有着不同的功能和作用。例如，课程目标与课程政策制定过程中所要开发与利用的资源可以帮助确定课程的方向和原则，课程内容选择中所要开发的资源可以帮助选择适合学生的教学内容，课程实施活动中所要开发的资源可以帮助实现教学目标和方法，课程评价环节中所要开发的资源可以帮助检验教学效果和质量。

然而，需要注意的是，小学道德与法治课程资源的分类不是截然分开的，而是相互交融的。多种不同的分类方法为我们认识小学道德与法治课程资源提供了不同的角度，有助于我们更加全面和客观地认识小学道德与法治课程资源。

第二章　小学道德与法治课程资源
开发的意义

新课程改革的推进，使课程资源开发的重要性和价值日益凸显。新课程改革理念下的课程资源与传统的教科书相比，具有丰富、多样和开放的特点，它们能够以形象具体、活泼生动和学生可亲身参与的方式，调动学生的多种感官，给予学生多方面的信息刺激，从而激发学生的学习兴趣，使学生在愉悦的环境中增长知识、提升能力、陶冶情操、塑造人格。这些都是传统教科书难以达到的效果。人们对课程资源开发的价值和意义有了更深刻的认识："没有课程资源的广泛支持，再美好的课改构想也很难变成现实的教育成果；没有课程资源的合理开发与有效利用，基础教育课程改革的美景就很难实现。"[①] 小学道德与法治课程资源开发对于小学道德与法治课程的实施和目标的实现具有重要的理论价值和实践意义。

≫ 第一节　小学道德与法治课程资源开发的理论价值

2022 年版课标明确指出了道德与法治课程的基本理念：以立德树人为根本任务，发挥课程的思想引领作用；遵循育人规律和学生成长规律，强化课程一体化设计；以社会发展和学生生活为基础，构建综合性课程；坚持教师价值引导和学生主体建构相统一，建立校内与校外相结合的育人机制；综合运用多种评价方式，促进知行合一。

在这种课程理念的指引下，传统的校本教材、教育方式、学习方法和考核办法都不再适用，需要重新界定和把握小学道德与法治课程资源的内涵和外

---

① 唐海燕. 论新课改背景下思想政治课程资源的开发与利用 ［J］. 湖南师范大学教育科学学报，2007，6（3）：97.

延，也需要重新审视小学道德与法治课程资源开发的价值和意义。对这一命题探索和研究的成果，不仅是对小学道德与法治课程理论的补充和完善，也是对小学道德与法治课程改革的深化。

一、有助于保障小学道德与法治新课程改革的顺利实现

2022 年版课标的第六部分"课程实施"中指出：课程资源是提高教学质量和增强教学效果的重要支撑。它强调了开发小学道德与法治课程资源的重要性。小学道德与法治课程资源的开发，不仅可以拓宽学生的学习渠道，改进教与学的传统方式，而且可以满足学生个性化发展的需要。因此，其重要性不言而喻。

小学道德与法治新课程改革中三级课程管理制度的建立，要求教师要正确处理课程资源与教学的关系。此次课程改革，在课程设置和内容及教材编排方式上都给教师提供了广阔的创造空间。这就要求小学道德与法治教师在教学过程中必须积极地参与小学道德与法治课程资源的开发，使小学道德与法治教学不断融入新知识，促使教学过程充满生机和活力。每次教学，都应该是师生充分开发课程资源、重新组合教学内容、共同体验和成长的过程。教师在一次次运用课程资源重新建构课程的实践中，不仅获得了更专业的成长，也使学生得到了更全面的发展。另外，小学道德与法治课程资源是丰富的、开放性的。通过开发小学道德与法治课程资源，还可以给学生多方面的信息刺激，调动学生多种感官参与活动，改变学生的学习方式，激发学生的学习兴趣，使学生在愉悦的环境中增长知识、提升素质、培养能力、陶冶情操，树立起正确的世界观、人生观和价值观。可见，对小学道德与法治课程资源的开发是实现小学道德与法治课程改革目标的关键和保障。

二、有助于新课标基本理念的落实和学生核心素养的培育

道德与法治课程的核心价值是落实立德树人的根本任务，为培养以实现中华民族伟大复兴为己任的有理想、有本领、有担当的时代新人打下思想根基。然而，实现课程价值的关键是教师要具有课程意识，作为教师课程意识之一的资源意识，对实现课程价值有着非常重要的意义。也就是说，课程资源的开发与利用对道德与法治课程基本理念的落实和学生核心素养的培育具有促进作用。

在道德与法治课程教学中，以立德树人为根本任务，用贴近学生实际、体

现社会发展要求的素材资源丰富课堂教学，可以增强教学的时代性、针对性和实用性。只有遵循育人规律和学生成长规律，充分挖掘各种资源的潜力和深层次价值，才能体现新课程的理念，落实学生核心素养的要求。

例如，在进行五年级下册"百年追梦 复兴中华"① 这一单元主题教学时，教师面对历史跨度大、教学内容多、学生难理解的现状，可以用故事串联历史内容，增加教学线索，用大量的视频和图片资料，增强内容丰富性。教学中，教师用"一座老房子的故事"将整个单元内容串联起来，有利于在学生头脑中形成历史线索。故事中的很多隐喻对于学生理解从鸦片战争至今的历史起到很好的桥梁作用，便于学生对知识的迁移。同时，教师通过运用信息技术手段呈现历史文献资料，增强了历史的真实性，对于学生根据事实进行分析、对比并得出结论非常有帮助，起到了事半功倍的效果。通过教师创设的教学情境和提供的课程资源，学生能够深入了解那段艰难的岁月，了解中国共产党从无到有、从弱到强的艰辛与辉煌，坚定永远听党话、跟党走的信念。此外，这一单元也从"道德与法治认同"的维度培育学生的核心素养，有效落实立德树人的根本任务。

三、有助于促进小学道德与法治课程教学目标的实现

树立课程资源意识，可以为有效实现教学目标作支撑。教学目标既决定了课堂教学活动的内容和方向，也决定了教学活动的效益。在教学中，学生情感态度的形成、行为的训练、习惯的养成，都不是靠说教完成的。要实现知识、技能、情感态度价值观等方面的目标，势必离不开形式多样的主题教学活动，而活动的实施必然要求广泛开发和充分利用各种课程资源。教师有效地开发课程资源，会帮助学生在生活场景中澄清他们的价值陈述与行为，并在轻松愉悦的氛围中获得适合生活经验和社会经验的道德价值观。这是教师用多少语言也换不来的。

在小学道德与法治教育教学中，教师必须从教学目标和学生的实际出发，找准教学内容和课程资源之间的结合点，充分发挥二者的合力，使义务教育阶段思政课的教学内容更为丰富、表达形式更为生动，最终达到发展学生核心素养、推动道德与法治教学目标顺利实现的目的。

例如，在进行六年级上册"我们是公民"这一单元中"公民意味着什么"

---

① 本书示例及课例的教学主题内容均选自统编版道德与法治教材。

主题教学时，教师围绕"公民身份从何而来""认识居民身份证""我是中国公民"三个课题精心设计教学内容。课前，教师让学生预习教材内容，并收集我国社会主义建设各领域的最新成就，如"复兴号"高铁列车、"中国天眼"、北斗导航系统、北京成功举办第二十四届冬奥会等，将生活中真实生动的事例带入课堂，使学生初步体验教材与生活的紧密联系，增强课堂教学的实效性。同时，对课程资源进行补充，突破教学重难点。例如，利用视频资料直观再现新中国的伟大成就，进一步增强学生的国家认同感，树立公民意识。这样的设计，使单元与主题、主题与课题之间由浅入深，能让学生从生活入手，树立公民意识，掌握公民的内涵，厘清公民和国籍的关系，熟悉和保护个人的身份信息，增强作为中国公民的责任感和荣誉感，自觉维护中国公民的形象和声誉。

可见，教师应对教材内容进行有益的补充，丰富和拓展教学内容，在课程素材与教材内容之间寻找有机联系，恰当地补充教材中缺失但对学生思想和价值引领有益的知识，进而实现道德与法治课程教学的立体化目标，帮助学生树立正确的价值观念。

四、有助于实现学生学习方式的转变

道德与法治课程倡导密切联系社会生活和学生生活实际，用富有时代气息的鲜活内容，以学生喜闻乐见的方式，增强道德与法治课程教学的实效性。发挥课程资源的优势，可以起到转变学生学习方式的作用。课程资源的开发利用，能让师生的生活和经验融入教学过程，让教学"活"起来；同时，能改变学生在教学中的地位，使他们从被动的知识接受者转变为知识的共同建构者，从而激发其学习积极性和主动性。这种设计突出了学生的主体地位，充分考虑了学生的生活经验，从而引导学生开展自主、合作的实践探究和体验活动，树立正确的价值观，涵养必备品格，发展社会情感，提升关键能力，使他们在感悟生活中认识社会、学会做事、学会做人。

例如，在进行三年级上册"安全护我成长"这一单元中"安全记心上"主题教学时，教师结合课程内容和学生年龄特点，深度挖掘生活中有用的资源，引发了学生对遵守交通规则重要性的极大关注。通过开发利用学生资源、活动资源、社会资源、网络资源等，让学生在真实的情境中学习，并针对不同的事件进行合理、深入的探究，使教学活动真实、有效，做到了德法兼容有度，突显了课程育人的特点。通过适时恰当地引入课程资源，实现了学生学习方式的转变。教师在教学中创设的探究情境，就是社会资源的引入。譬如，通过"我是小交警"环节，引导学生剖析存在安全隐患的原因，从而形成正确的行为认知，进一步增强学生的守法意识。

上述案例中展现的课程资源使学生道德与法治素养的形成和社会性发展真正回归生活，有利于学生学会学习，体会到学习不仅是在课堂上、书本上，而且是在广阔的社会空间和丰富多彩的社会生活中。另外，课程资源发挥了育人功能，促使课堂教学知行合一、学思结合，从而充分体现核心素养导向下的道德与法治课程价值。

五、有助于开拓新的课程领域，实现多元的课程价值

对小学道德与法治课程资源的开发可以打破以学科来划分课程的局限，拓展课程的基础和外延。小学道德与法治课程的课程目标和其他学科的课程目标可以在同一教学活动中实现，从而提高课程资源的开发效率，消除分科知识的零碎性、孤立性和单一性，实现课程内容的综合性、完整性和系统性。有些课程资源，如国际理解、生态文明、健康、人口、国防、禁毒等内容，是传统学科课程难以囊括的，但却是社会进步和人成长所必须了解的，这些内容的教学可以通过探究式、问题解决式、活动式的教学方式进行。这就开辟了新的课程领域，提高了课程的针对性和适应性。

课程资源的开发也有助于实现多元的课程价值。分科课程的价值在于传授学生知识和培养学生技能。课程资源的开发除了完成分科课程的任务，还有其自身独特的意义。例如，对学校周边商铺的调查是一种活动课程，这种活动课程不仅能使学生掌握经济生活中的各类常识，学会调研、统计等技能，还能锻炼学生与人交往的能力，帮助学生形成组织观念、协作意识，更深刻地体会诚实守信是中华民族的传统美德，甚至能促进学生吃苦耐劳、勇敢坚强等品格的养成。

》》 第二节 小学道德与法治课程资源开发的实践意义

英国著名的课程理论家劳伦斯·斯滕豪斯认为，课程是教材、环境、教师、学生四种因素动态交互作用形成的"生态系统"。因此，对课程资源开发的价值和意义主要体现在对这些要素的影响上。对小学道德与法治课程资源的合理开发和广泛利用使道德与法治教材不再是唯一可借助的教学资源，丰富了

教学形式和内容，提高了教学质量和效果。同时，小学道德与法治课程资源的开发改变了传统"教师教，学生学；教师强制灌输，学生被动接受"的教学模式，给予教师和学生更多自由的成长和发展空间，促进了小学道德与法治教师业务水平和学生综合素质的提高。具体来说，小学道德与法治课程资源开发的实践意义包括以下五个方面。

一、有利于激发学生的学习兴趣，增强教学实效性

课程资源的开发是为了服务于课程实施，促进小学道德与法治课教与学方式的转变，引导教师和学生从基于教材的教与学走向基于资源的教与学，从而激发学生的学习兴趣，增强教学实效性，这是开发小学道德与法治课程资源的终极意义。然而，在实际教学过程中，小学道德与法治课往往没有受到部分学生的重视和喜爱。如果小学道德与法治课仅仅是依靠"授课的方式方法"这种取决于教师本身的偶然性因素来吸引学生，而不是依靠教材内容本身，那么这种吸引力究竟能持续多久，值得深思。

对小学道德与法治课程资源的广泛开发和充分利用也会引起教学组织形式的变革。与以往以知识传授为特征的接受性学习方式不同，以问题解决为特征的探究性学习使不同年级、不同班级的学生一同参与学习活动成为可能。这样，传统意义上的班级概念就会逐渐淡化，班级的规模在一些问题解决的学习活动中可能是许多人的集合，而在另一些问题探究的学习活动中可能是几个人的活动小组，甚至只是个体的独立活动，这样就会促使小学道德与法治课程的教学组织形式发生重大变化。这种变化有利于培养学生的自主学习能力和创新思维能力，激发学生的学习兴趣和动机。因此，必须把理论教学和实践教学结合起来，拓展课堂教学的空间，延伸课堂教学的内涵，增强道德与法治课程教学的情景性、实践性和实效性。

不可否认，教材的内容是重要的课程资源，但不是唯一的课程资源。苏霍姆林斯基说过："我们一分钟也不要忘记，信念是每时每刻都在形成的。单单在儿童上学和回家的路途上，他所受到的思想教育，就比在学校里待上几个小时所受的教育都强烈、鲜明得多，而且前一种影响之所以有力，就在于这些思想是包含在形象里，包含在生活的各种画面和现象中的。"[①]

与其他学科相比，小学道德与法治课程的"可联系性"更强，其内容可

---

① 苏霍姆林斯基. 教育的艺术［M］. 肖勇，译. 长沙：湖南教育出版社，1983：116.

涉及人文、自然、历史等，包括文字资料、影视资料、报纸、杂志、乡土资源、社区资源、实践活动等课程资源。这些课程资源生动活泼、形象具体且学生能够亲自参与，对其加以合理恰当的开发，不仅能够丰富学生的生活体验，激发学生的学习兴趣，使学生在开放的、动态的学习过程中建构知识，而且能够丰富教学活动，有效拓展课堂教学的空间，增强小学道德与法治课程教学的情景性、实践性和实效性，让小学道德与法治教学真正"活"起来。

二、有利于提升学生的自主学习能力

长期以来，受传统教学观念的束缚，一般教师的分内职责就是讲清教材上的现成结论。这样做的结果是使教学过程成为一个简单传授标准答案的过程，大多数学生只能被动地接受标准答案而逐渐丧失主动思考的能力。与之相应，一些教学评价和考核不是考查学生对知识的理解和学生能力的强弱，而是考查学生谁更听话、更勤奋、更认真地记住了答案。这样一来，不仅学生的积极性、主动性和创造性被束缚了，而且就教育教学本身来讲，所培养出来的高分学生中，有些甚至无法适应社会的要求。究其原因，这样的教育教学观念和培养方式忽视了人与人之间的差异性，没有充分尊重学生发展和成长的规律性，自然很难培养出出色的社会主义建设者和接班人。

事实上，不同学生的学习需求是存在差异的，他们的学习风格、学习策略也各不相同，单一的教学资源和学习渠道不仅不能满足学生的学习需求，而且不利于他们各自释放自己的潜力。此外，现代教学理论认为，学习过程是学生在教学情境中通过与教师、同学及教学信息的相互作用获得知识、技能和态度的过程。而要想真正通过"学习过程"实现学习目标，全面收获知识、技能和态度，一味地被动接受教材上的"死知识"，显然是无力实现的。唯有调动起学生学习的积极性，培养学生自主学习的意识和能力，才能真正发散学生的思维，发掘学生的潜能和创造力，真正践行新课程改革的理念和要求。新课程改革的一个重要目标是改变课程实施过于强调接受学习、死记硬背、机械训练的现状，倡导学生主动参与、乐于探究、勤于动手，培养学生收集和处理信息的能力、获取知识的能力、分析和解决问题的能力及交流与合作的能力。

小学道德与法治课程教学要想有所突破和发展，同样要引导学生将以往的被动接受转变为主动探究，激发学生的学习潜能。然而，"巧妇难为无米之炊"，要促成这一转变，当务之急还是要开发丰富多样的课程资源，使学生有机会根据自己的学习需求和最适合自己的学习渠道进行自主的选择性学习，如自主决定学什么、怎么学、什么应该学、在什么地方学。总之，小学道德与法治课程资源的开发，能为学生营造一种开放式的自主学习环境，提供一个多渠道获取知识并将所学知识应用于实践的机会，引导学生主动关注自然、关注社会、关注时事，激发学生的好奇心和求知欲，培养学生的创新意识和实践能力，帮助学生树立积极向上的人生态度和敢于质疑、求真务实的科学态度。

例如，教师在进行"走进春天"章节教学时，就可以利用一次主题班会，让学生真正走进春天，感受春天的气息，用眼睛观察春天的一草一木，用耳朵聆听春天美妙的声音。在学生充分观察和体会之后，教师再将教学内容顺利引入，有了之前亲身体验的基础，学生的"话匣子"一下就被成功打开，兴趣激发也就顺势而为。同时，有了体验式教学引导，学生对于大自然的感情也自然流露。可见，开发内容丰富、形式多样的小学道德与法治课程资源，是培养和提升学生自主学习能力的前提和基础，也是改变学生学习方式的有力保证。它可以帮助学生形成"自主、合作、探究"的学习模式，使学生从单一的课堂、纯粹的课本中"走出来"，实现课内与课外、校内与校外、书本与生活有机结合，并最终促进学生自主发展。

三、有利于促进学生全面发展

在美国华盛顿儿童博物馆的墙上，有一则醒目的格言：听到的，过眼云烟；看见的，铭记在心；做过的，沦肌浃髓。这句格言从侧面说明了实践活动在一个人的认知过程中具有至关重要的作用。新课程标准在关注每名学生健康全面成长的大背景下，尤其强调实践活动在小学道德与法治课程中的重要地位，它是小学道德与法治课程得以全面实施，学生的情感、态度和价值观得以全面提升的载体。对小学道德与法治课程资源加以充分开发，不仅可以大大拓展学生社会实践的活动空间，而且能够提升学生的综合实践能力，促进学生的全面发展。

首先，开发小学道德与法治课程资源有利于学生开阔视野、增长见识。充分开发小学道德与法治课程资源，应鼓励和引导学生广泛参与丰富多彩的社会活动，如听专家讲座、参观工厂或实验室、参观老一辈革命家的故居等。这些活动不仅可以使学生接触最新的科技成果和信息，学到课本上难以获得的知识，开阔视野，拓展思维，而且可以引导学生运用所学的小学道德与法治知识发现和分析现实生活中遇到的问题，增强思想认识，落实小学道德与法治教学的知识和技能、过程和方法，从而有利于小学道德与法治教学三维目标（知识与能力、过程与方法、情感态度与价值观）的实现和学生的全面发展。

其次，开发小学道德与法治课程资源有利于培养学生的创新精神、实践能力、合作和分享意识。如前所述，开发小学道德与法治课程资源有利于提升学生的自主学习能力，促进学生由被动接受向主动探究转变。这种转变不仅能改变学生的学习状态或方式，而且能培养学生的创新精神、实践能力和合作意识。同时，应充分调动学生开发校内外课程资源的积极性，组织学生浏览报纸、杂志，或从网络了解信息，或实地调查获取第一手资料。在这个过程中，学生的主体性得以充分发挥。通过自己搜集整理资料、发现问题、分析问题和解决问题这一系列过程，学生的创新精神和实践能力也可以得到培养。此外，并不是所有的社会实践活动都可以由一名学生独立完成。事实上，许多课程资源尤其是校外资源，需要由多名学生组成活动小组，通过集体的共同努力才能完成，由此也可以培养学生的合作和分享意识。

最后，开发小学道德与法治课程资源有利于提高学生的思想觉悟，增强社会责任感。学校开发校外课程资源，精心组织有目的、有计划的社会实践活动及创设教育情境，能够为学生在道德与法治方面的成长创设良好的外部环境。通过对一些具体情景的体验，学生的积极情感得以增强。例如，可以让学生深入社区、农村、工厂体验生活，或者组织学生参观工厂、博物馆、科技馆、展览馆等。通过亲身体验和访问调查，学生有了接触生活、了解社会的机会，从而不断感知、思考生活中的问题，并在关心国家、关心社会现象和关心他人的同时，增强对人民、对社会和对国家的责任感和使命感。因此，对小学道德与法治课程资源加以开发，既是小学道德与法治课程教学本身的需要，也是学生全面发展的需要。

四、有利于促进小学道德与法治教师业务水平的提高

在新课程改革中，小学道德与法治教师应该成为学生利用课程资源的引导者和开发者，这就对小学道德与法治教师的课程资源开发素养和能力提出更高的要求。要使开发的课程资源符合课程目标，教师就必须更深刻、更充分地理解教学内容，更深入地了解学生，不断更新教育观念，丰富学科知识，提高教学能力；要将校外丰富的课程资源带进课堂，为教学服务；要将现代信息技术与课程有机整合，熟练地运用多媒体教学，通过图片、资料、声像等载体强化学生的体验和认知，以增强教学实效性。

在信息网络时代，教师不一定是比学生接收信息更早的人，也不一定是拥

有知识最丰富的人；教师不再是知识的唯一来源和绝对权威，而是学生学习活动的引导者、组织者和合作者。教师与学生处在平等的地位上，在共同参与的活动中互相分享彼此的知识、经验、态度和价值观。课程资源开发利用可以开阔教师的教育视野，转变教师的教育观念，从而更好地激发教师的创造性智慧。课程资源的开发对教师提出了新的专业能力要求，即课程资源开发的专业素养和能力。第一，教师应该成为学生利用课程资源的引导者和开发者。第二，教师必须具备根据具体的教学目的和内容开发与选择课程资源的能力，充分挖掘各种资源的潜力和深层次价值。第三，教师要付出更多的心血和努力，掌握更多的资源。第四，课程资源开发能促进教师的专业发展，提高教师队伍的业务素质。第五，小学道德与法治教师要有效地开发道德与法治课程资源，首先要分析课程的目标、内容，以及课程资源开发与课程目标实现的关系；其次要认识可以开发的课程资源的种类、分布；再次要设计开发的程序和方式；最后要估计开发产生的效果。在课程资源开发过程中，教师的知识结构得到优化，能力得到发展，对教育、教学、课程特别是对课程资源的认识水平得到提升，最终形成科学有效的课程资源。通过课程资源开发，教师可以实现专业成长。当然，只有教师得到良好的发展，才可能对课程资源进行更有效的开发与利用。

小学道德与法治教师通过多种教学手段，鼓励学生以积极的姿态参与学习过程，使其能动地获取、内化、迁移知识，形成和逐步完善知识结构；与此同时，学生的学习潜能得到充分开发。小学道德与法治教师在课程教学过程中，要深入学生群体，观察并准确掌握学生的学习动态，充分发扬教学民主，针对学生的学习效用给予及时、中肯的评价，等等。教师在教学中经历"适应教材—改进教材—整合运用教材"的跨越，正逐步实现由"教教材"向"用教材"的过渡。小学道德与法治教师参与资源开发与利用，可促进教师的专业发展，有利于提高教师对教育的理解，丰富其学科知识，并能超越课堂的局限去思考问题、分析问题和解决问题。开发课程资源的终极意义，在于引导教师和学生真正从基于教材的教与学走向基于资源的教与学。

当教师主观上为更充分有效地开发小学道德与法治课程资源付出一系列努力时，这些努力客观上也促进了教师自身业务水平的提高。具体来说，在开发校外课程资源过程中，不仅学生调查到的材料可以为教师提供一些本来并不了解的信息，扩展教师的课程资源库，而且教师在引导学生收集、取舍、分析信息的过程中，也提高了自身对资源信息的开发能力。此外，对小学道德与法治课程资源的开发有助于道德与法治课程教师超越课本教学内容，提高教师的教学质量；有助于教师转变自身角色，从单一的教书育人和"传道、授业、解惑"，变成一个道德与法治学科的研究者、开发者和教育引导者，使道德与法治课程教学真正融入生活、贴近实际；有助于促进教师的专业成长，提升教师的教学技能，弥补教师在某些方面的不足。总之，对小学道德与法治课程资源的开发可以充分发掘小学道德与法治教师的潜力，提高教师个体和教师队伍整体的业务素质和业务能力。

树立课程资源意识，善于开发课程资源是教师必备的素养。在提倡课程资源开发的今天，道德与法治教师首先要树立新的课程资源开发观，逐渐形成开发课程资源的意识和能力。其次，有一双慧眼，从日常生活中发现可利用的资源。这是教师拥有课程资源意识职业习惯的表现，也是心中装着学生、思考课堂教学、用智慧和创造力去丰富课堂资源的表现。教师只有具备敏锐的课程资源意识，才能保证课程的有效实施。

课程资源的开发与利用对教师提出了新的要求。教师作为课程资源开发的主体，不仅要有课程意识、素养意识，而且要转变教学角色，建立新型的师生关系，这样才能在丰富的课程资源中适当取舍，把握住新的教学和学习取向，保证新课程实施的良好效果。同时，教师只有因地制宜地开发课程资源，努力实现课程资源的发掘和利用的效益最大化，才能使课堂教学成为具有深刻内涵、充满活力的课堂，才能发挥道德与法治课程在落实立德树人根本任务中的关键作用。

总之，教师具有课程资源意识，为道德与法治课程的实施提供了条件保障，为知识、能力、情感态度和价值观等多层面课程目标的实现提供了资源保证，为学生体验式、探究式、实践性、个性化学习提供了支持系统，为在家庭、社区、社会范围内开发新的教育与学习资源提供了途径、方法和范例。这必将成为促进教师育人方式变革，着力发展学生核心素养的重要抓手。

五、有利于构建新型师生关系

自古以来，"尊师重道"一直被奉为中华民族的传统美德，深刻影响着我国历代的教育观念和师生关系。无论是"国将兴，必贵师而重傅"，还是"疾学在于尊师""师道立则善人多""为学莫重于尊师""学者必求师，从师不可不谨也"等，无不体现师道之尊严。"一日为师，终身为父"更是将师者推向至高的地位，为人师者如为人长者，面对学生常有携长者之风、用智者之慧的大义。如果说过去教师与学生之间的关系是以教师满腹经纶、学富五车为存在前提和基础，那么如今这种关系已然失去了它存在的"土壤"。身处互联网时代的人们，只需动动手指就可以轻而易举地获得任何他们想知道的既有知识，教师早已不再是知识的唯一来源和权威发布者，在某些方面，个别教师所掌握的信息量和信息准确度甚至可能不如学生。这就对教师的知识储备、能力和素质提出新的更高要求，也要求重新定位新时代的师生关系。

新课程理念强调，教师是学生学习的引导者、参与者、合作者，教学过程是师生交往、共同发展的互动过程。如今小学道德与法治课程资源的开放性和信息的共享特征，为实现小学道德与法治教师角色的转变提供了可能。开发这些丰富的课程资源，能为构建平等、合作、信任和互相尊重的新型师生关系搭建一个好的平台，促使教师由居高临下的"权威者"向处于平等地位的"合作者"转变、由"学问的传授者"向"学习的促进者"转变、由"知识的复述者"向"课题的研究者"转变，并最终由"真理的传播者"向"正义的维护者"转变。在师生之间形成一种平等的协作关系，也是对现代教育理念中民主、平等意识观念的践行。

第三章　小学道德与法治课程资源开发的现实路径

>> **第一节　树立正确的课程资源观**

在基础教育领域，课程资源的创造与应用构成了课程改革的核心议题。这些资源的品质与应用效能，直接关系课程执行的质量及教学目标的实现程度。当前，我国教育改革在推进中遭遇的挑战与难题，很多时候源于课程资源的匮乏和开发与利用效率低下。造成这一现象的原因复杂多元，其中最为关键的是，一些教育工作者特别是教师，缺少对课程资源开发的认识与驱动力，对于资源的深层理解不足，未能充分领会开发课程资源的重要性与紧迫性，也未能形成与新课程改革相适应的资源观念。课程资源观涉及对资源的基本看法与价值评估，包括资源的本质、目标与价值等方面。课程资源并非天然存在的，而是需要通过主动开发与整合才能成为课程体系的一部分。缺乏主动意识，资源便无法释放其潜能，更难以被高效开发。因此，对课程资源的基础认知与观点，共同构成了课程资源观。由此可见，观念塑造行为，理论指引实践。

为了高效开发小学道德与法治课程资源，必须确立正确的课程资源观。课程资源观不仅影响教师开发资源的广度与深度，而且决定着开发动机、目标与成效，指导着资源开发的方式与内容，限定着课程执行的成效与教学目标的实现程度，更与学生的学习利益息息相关。因此，建立科学合理的课程资源观，对于促进小学道德与法治教师开发与利用课程资源，以及推动学生积极学习与和谐成长，都具有重要的导向意义。

首先，教师需深刻认识到开发资源的重要性。教师应全面理解并更新对小学道德与法治课程资源的认识，摒弃将教材、教辅、练习册等视为唯一资源的旧观念，摒弃将教学目的仅定位于知识传授与能力培养、将教学任务局限于讲解教材、将学生评价仅限于书本知识与笔试成绩的偏见。否则，教学将变得单调无味，并与社会现实和学生生活脱节，不仅教学效果不佳，还会压抑学生的想象力与创造力。因此，教师必须更新对资源的认识，打破教材的束缚，坚持多元化的课程资源观。教师应深入掌握资源概念，认识到资源的丰富性。在课程执行中，所有能够促进课程内容与现代社会、科技进步和学生生活紧密结合，为学生提供主动参与、交流合作、探索发现的机会，并且能增进知识、发展智力、培育能力、陶冶情操的教育资源，都应被纳入资源范畴。特别是教师个人的知识储备、态度和价值观，也是影响学生学习的重要资源，值得充分利用。只有全面了解并认识资源，才能将丰富的资源引入课堂，与小学道德与法治课程有效结合，服务于教学。总之，小学道德与法治教师应充分认识到资源开发的重要性，增强资源开发意识，使之成为日常工作的一部分。

其次，教师应发挥主动性，积极开发资源。新课程改革使教师角色发生重大转变，即从课程的执行者转变为课程的开发者和建设者，教师因此成为资源开发的关键主体。教师对角色变化的理解，直接影响其参与资源开发的意愿与积极性；教师的专业素养及其教学观、质量观和学生观，决定着其在教学中开发资源的意志与能力。因此，要加强对小学道德与法治教师的专业培训，帮助教师理解参与课程开发的重要性，促进教师转变角色，激发教师的积极性；要在正确科学的资源观的指导下，提升教师在新课程理念下的校内外资源开发能力；要使教师明确资源范围及获取途径，合理辨识、筛选资源，树立"一切为了学生发展"的意识，积极参与资源开发。在有限的教学时间内，教师要根据课标要求和教学需求，从学生实际出发，充分挖掘与应用各种资源，创设丰富的教学活动，促进学生的主动学习与全面发展，培养学生的积极性、主动性、创造性和探索性，增强课程的实效性。

最后，从新课程实施的角度看，道德与法治课程资源的开发旨在改革传统教学与学习方式，提升教学质量与学生的综合素质。提高学生的学习兴趣，仅是其带来的正面效果之一。因此，在选择课程资源时，应有所侧重，这一点至关重要。

≫ 第二节 小学道德与法治课程资源开发的原则

原则是指导人们行为的规则，是判断行为正确与否的标准和依据。在小学道德与法治课程资源开发中，也需遵循特定原则，以确保开发的方向性和有效性。正如前文所述，小学道德与法治学科作为德育课程，具有独特性质。只有遵守相关原则，才能有效提升学生的思想道德水平、法治素养及心理素质。鉴于小学道德与法治课程资源的多样性，以下原则被认为是开发和应用这些资源的关键。

一、坚持思想性与科学性相统一的原则

道德与法治课程要以先进的思想作为指导，做到方向正确，符合当前党的方针、路线、政策的要求；要充分把党在社会主义现代化建设中领导人民群众所取得的新认识、新发现、新实践、新创造、新成果引入道德与法治课程教学，提高学生的思想意识和政治素养，增强道德与法治教育的时效性、生动性、新颖性，让道德与法治课成为有现实关怀和人文温度的课堂。

例如，在进行五年级上册"骄人祖先　灿烂文化"这一单元主题教学时，为了让学生知道中华优秀传统文化是先辈留给我们的丰厚遗产，从而建立文化认同，树立文化自信，为中华民族拥有悠久、灿烂的文化而自豪，教师在单元核心观点和价值导向的基础上，精选课程资源，进行单元整体建构，引导学生了解文字、科技、美德等对于个人、社会、国家的重要作用，帮助学生认识中华优秀传统文化传承的意义，引导学生在实际行动中传承中华优秀传统文化。其中，在"话说传统文化"环节，教师充分运用视频资源，播放北京举办两届奥运会的盛况，让学生发现并交流奥运会上体现中华优秀传统文化的元素，从而知道中华优秀传统文化是中华民族的"根"和"魂"。这样的资源让学生感到真切，从而获得深刻的道德感悟。在"探究传统文化"环节，教师运用博物馆资源和网络资源，引导学生自主选择亲自走入或云参观中国文字博物馆、中国科学技术馆等，了解中华优秀传统文化的价值。在此过程中，学生把他们发现的新知识进行梳理，并在课堂上分享，从而更加主动地关注中华优秀传统文化。

课程资源的有效运用，能促进学生在实践活动中通过联想式体验、多元化

思考和探索性分析，不断建立文化认同，树立文化自信，"润物细无声"般发挥课程资源的思想引领作用。

二、坚持全面性与典型性相统一的原则

在道德与法治课程教学中，教师要不断转换教学资源的视角，注重课程资源的开发效率。选取的课程资源要具有全面性，包含的内容既要全面，也要具有典型性、代表性。课程资源的内容具有空间的广泛性、时间的延续性，所选的不同地域的课程资源既要具有普遍性的教育价值，又要具有典型性、权威性。

例如，在进行三年级下册"我在这里长大"这一单元中"请到我的家乡来"主题教学时，教师通过调研了解到学生对于家乡的物产、风景、地理的认识零散、浅显，对于地理、环境与家乡人之间的关系认识片面、单一，缺乏整体性、系统性和深入性。因此，在整个主题的学习过程中，教师充分运用文字、视频等课程资源作为支架，让学生全面了解家乡的地理位置、风景、特产和人，促使其经历"地理认同—风景认同—人文认同"，层层递进，构建多角度、立体化的家乡认同，层层深化学生热爱家乡的核心情感。同时，教师发挥地域资源优势，为学生设计了开放的学习空间，带领学生到"家乡名片"豆腐工坊实践基地参观豆腐制作的工艺和历史，参加亲手制作豆腐的实践活动，体验家乡豆腐的特点和生产工艺，以点带面，形成对家乡特产的初步认知，更重要的是从中获得真实且鲜活的学习资源。课堂上，学生分享搜集的家乡物产、可亲可敬的家乡人等典型的环境和人文资源，不断构建家乡物产和地理环境、家乡人之间的关系。通过全面性与典型性相统一的课程资源传递对家乡的认同感、归属感、责任感和发展观，是对学生进行家国情怀教育的基础。

三、坚持全局性和地方性相统一的原则

全局性强调课程资源必须具有普遍意义，站在全局的角度，从国家大政方针和重大主题（如中华民族复兴之路、"一带一路"倡议、北京冬奥会、生态环境和文明建设等）出发。地方性是指具有地方特色的课程资源，如本地区社会生活中的活动和事件、民风民俗等。全局性的课程资源有利于培养学生的全局观念，引导学生从大局出发考虑问题，积极关心国家大事，体现主人翁精神。地方性课程资源有利于突出地方特色，营造学生熟悉认同的地域文化氛围，激发学生关心本地域环境的积极性。精选课程资源既要从全局性出发，也

要突出地方性特色，这些都是道德与法治课程必需的资源。有了这些课程资源，才能更好地实施道德与法治课程，培养学生的核心素养。

例如，在进行五年级上册"我们的国土 我们的家园"这一单元中"中华民族一家亲"主题教学时，为了让学生在多维度的学习活动中树立民族观，感悟平等团结互助和谐的民族关系，初步形成维护民族团结的责任感，教师精选了具有全局性的课程资源。譬如，播放全国人大代表中少数民族同胞参加两会的视频片段，让学生从服装的对比中理解少数民族的内涵；通过课前让学生搜集中国少数民族特色村寨的素材资源，以课上进行汇报交流的方式，进一步论证少数民族聚集的特点；呈现省级行政区域内的少数民族统计图和民族种类较多的省级行政区域统计图，让学生观察思考统计图的数据变化，从而深刻体会因各民族交往愈发频繁、关系越来越密切而形成的大流动、大融居的分布格局；从《中华人民共和国宪法》读本中，了解社会主义新型民族关系。同时，教师精心设计了具有地域特色的课程资源。譬如，让学生结合自身实际，探究班级同学中少数民族的种类和家乡少数民族的种类，从而得出少数民族散居的特点；列举牛街的资料，探究少数民族的分布特点；讲述自己和少数民族同学的故事，感受民族交融带来的美好，激励学生为维护民族团结作出自己的贡献。

第三节 小学道德与法治课程资源开发的内容

一、以人为载体的课程资源开发

教育的核心在于培育人才，而课程是实现教育目标的平台。在这个过程中，人力资源尤其是教师资源，成为关键元素。

（一）教师资源的开发

教师在教学过程中不仅是资源的搜集者和应用者，更是课程资源本身。道德与法治课程教师的知识、品格、修养和生活方式对学生的世界观、人生观和价值观有着深远的影响。他们的专业素质直接影响课程资源开发的广度和深度。例如，教师的智慧、文化知识、社会经验和人文关怀可以成为学生终身受益的精神资源。高素质的教师能够潜移默化地塑造学生的思维方式，激发学生的学习热情，引导学生全面发展。因此，教师自身就是一种高质量的课程资源。此外，教师应有意识地根据学科特点开发所需的课程资源，这不仅关系到资源的选择和使用，更是课程资源的核心。教师需要不断学习，提升课程资源开发的责任感和使命感，突破传统，掌握开发和应用课程资源的技巧，形成独特的视角和方法体系，成为课程资源的开发者和创造者。

1. 教师人格资源的开发

教师特别是小学道德与法治教师，需要以高尚的品德和踏实的作风影响和教育学生。最大限度地发挥教师人格的示范作用，关键在于师生间的交流。通过交流，学生能够深刻感受教师的人格魅力，促进良好道德修养的形成。教师应信任、尊重、热爱学生，树立正确的交往观念，掌握交往规范，运用交往媒体，改进交往方式，提高交往能力，充分展现内在的人格魅力，创造健康和谐的交往环境，帮助学生形成完整的人格和高尚的品质。

每名教师都拥有独特的个性品质、兴趣爱好、人生经历和情感体验，这些个性化的资源是教师宝贵的财富，也是活生生的教学资源。教师不仅是学生学习的伴侣，也是他们生活中熟悉而神秘的朋友。学生对教师的人生阅历、成长历程、学习趣事和生活习惯等都极感兴趣。因此，开发教师自身的个性化资源，不仅能满足学生的好奇心，而且能丰富课堂教学，提高学生的学习兴趣。

（1）将教师的个性品质开发为教学资源。无论从事何种职业，都应全身心投入工作，这是优秀劳动者的基本精神。对于学生来说，学习是他们的主要任务。教师可以通过展示对工作的热情，将爱岗敬业的精神传递给学生，激发学生从"要我学"转变为"我要学"的积极性。只有点燃学生的学习热情，才能激发他们的学习潜力。这种精神资源的传递，是教师在教育过程中不可或缺的一部分。

 【案例呈现】

在执教六年级下册法律专册时，有的学生对道德与法治课没有什么兴趣，于是我就把最新的时政信息引入课堂，利用一些图片、视频、故事等激发学生的学习兴趣。一走进课堂，无论自己情绪多么低落，我都会立刻调整好精神状态，用抑扬顿挫的语调、丰富传神的表情、积极的态度去感染学生。课余时间，我与个别学生以朋友的身份聊天，倾听他们的心声。这些细小的行为，学生看在眼里、记在心上。感受到老师的工作热情和良苦用心后，喜欢道德与法治课的学生自然越来越多了。

（2）将教师的个人经历开发成教学资源。卡耐基说过："每一种经历都给人以不同的经验，而经验的丰富是一个人最宝贵的财富。"丰富的经历让人拥有缜密的思维和睿智的头脑，更重要的是，这是一种可以被直接融入课堂，进而传播正能量的教学资源。

 【案例呈现】

在进行四年级下册"购物讲文明"教学时，为了培养学生良好的购物习惯，做一个文明的消费者，我向学生讲述了不久前帮朋友卖衣服的经历。在学校周边的一个商场中，朋友经营了一个著名的女装品牌，暑假期间商场店庆，生意特别好，就请我去帮忙。一大早店里进来一名中年女士，一下子挑了 10 件衣服要试穿。当我告知店里有规定，一次试穿不能超过 5 件时，她立刻大嚷自己喜欢，没那么多时间，把 10 件衣服一次都拿进了试衣间，其中的几件还换了不同的尺码试穿。试了一个多小时，大多数衣服都很适合她。可试穿后，她却都不喜欢，扬长而去。接着我提出问题：同学们，请你们来评价一下这名女顾客的行为。同学们踊跃地表达了对女顾客的不满：作为消费者，要尊重服务人员，要讲文明，这既是必要的行为规范，也是社会道德的基本要求。这样，教师在讲述亲身经历的同时，落实了这一课的核心目标：享有权利的同时，要履行相关义务。

教师的专业素养是决定教学成效的关键，不仅影响着学生的未来，而且关系到民族的发展。因此，教师的专业发展是课程资源中最为重要的部分。

2. 教师知识资源的开发

（1）教师应构建全面的知识体系。一个全面的知识体系是进行德育教育的基础。教师不仅需要具备广博的基础知识，还需要具备教育科学和教授学科方面的深厚知识。例如，教师应培养阅读和自学的习惯，定期做笔记，积极参与学术研究。教师只有构建起广博而深入的知识体系，才能满足教育学生的需求。小学道德与法治教师应主动开发个人资源，学习新知识、接收新信息、学习新技能，不断提高专业素养。具体措施包括以下几个方面。

第一，认真学习 2022 年版课标。2022 年版课标整合了 2011 年版《义务教育品德与生活课程标准》《义务教育品德与社会课程标准》《义务教育思想品德课程标准》三个课程标准，按照学段要求进行一体化设计。它统筹课程性质、课程理论、核心素养、课标目标、课程内容、学业质量、课程实施等各部分内容，特别强调了立德树人的任务。通过学习新课标，教师可以提高专业素养，转变教学观念，关注学生的情感体验和道德实践，利用学生的生活背景开发案例，丰富课程资源。

第二，深入研究教材。教材是教师与学生共享的教学资料，它根据课程标准编写，并作为评估的基准。教材是课程标准的主要承载物，对标准的概念进行了详细解读，是教师建立个人知识架构的基础。全套统编小学道德与法治教材共十二册，围绕政治认同、道德修养、法治观念、健全人格、责任意识等五大核心素养，以入学教育、道德教育、生命安全与健康教育、法治教育、中华优秀传统文化与革命传统教育、国情教育为教学主题，逐步拓宽学生的认知和生活视野。教材内容根据学生不同成长阶段的身心特点进行科学规划，以学生的实际生活为依托，按照主题分学段设计，构建一个系统连贯、逐步深入、循环上升的课程体系。教师只有深入了解教材的结构和内容，才能有效地运用教材，满足 2022 年版课标的基本要求。通过深入研究教材，教师能够掌握知识的逻辑流程，构建一个完整的知识体系。

第三，科学设计教学目标。确立教学目标是教育课程和教学理论中的核心议题，也是教学规划的关键所在。三维教学目标的设定和执行代表了课程改革的关键特征。设计教学目标时，必须综合考虑情感、态度、价值观的全面发展及知识和能力的目标。

第四，发挥教师集体作用。开发教师的知识资源是一项复杂的任务，需要教师投入大量的时间和精力。由于这项工作的复杂性，单凭个人努力往往难以完成，因此需要发挥教师团队的力量。具体而言，包括两个方面：首先，教师应在同一学科内协作，共同开发和分享资源。当每名教师都意识到知识结构开发的重要性，并积极参与其中时，就可以通过讨论和相互学习来提高效率并节省时间。其次，道德与法治学科教师应当保持谦逊的态度，充分利用教研组织的优势，在与同事的合作中挖掘知识资源，如通过集体备课、互听互评课程等活动获取知识资源。集体备课不仅能够营造一种学术交流和合作的氛围，而且能传播优秀教师的经验，发挥他们在教学中的引导作用，从而提高整体教学质量。在集体备课过程中，教师应遵循"整体—部分—整体"的原则，分享各自的备课计划，并通过比较和讨论来取长补短、统一思想、达成共识。这种协作和资源共享不仅能加深教师之间的理解，也能促进个人和集体的成长。此外，这种合作有助于建立和谐的教育教学环境，其本身就是一种隐形的教育资源。只有所有教师团结一致、共同参与，才能更有效地开发教师的知识资源，从而彰显学校的特色。当然，在借鉴他人经验的同时，教师应根据自己的特点进行相应的调整和改进。

第五，跨学科合作开发。新课程改革强调不同学科之间的联系和整合。在这个过程中，教师团队是一笔宝贵的资源，因为每名教师都有自己的专业优势和独特的研究成果。因此，在教学实践中，应当打破传统的学科界限，鼓励道德与法治学科教师与其他学科教师深入合作，共同挖掘和分享各自的教学资源。通过这种跨学科的资源整合，能够帮助学生构建更全面的知识体系，从而实现文理科均衡发展。将不同学科教师的专业知识转化为本学科的教学资源，能为学生的学习带来无限可能。教师之间的这种协作和资源共享，不仅能够丰富教学内容，而且能够提升教学质量。

通过这些方法，教师可以不断提升自己的专业素养，为学生提供更丰富、更有意义的学习体验。教师的专业发展不仅是个人成长的体现，也是教育质量提升的关键。因此，教师应不断学习、探索、创新，以适应教育的不断变化、满足学生的多样化需求。

 【案例呈现】

案例一：在进行四年级上册"健康看电视"教学时，我通过课前调研发现学生更多的时间用来看手机、平板、电脑等电子产品。基于此种情况，我将上课内容改为"健康看电子产品"，同时为下一课"网络新世界"做铺垫。我在设计整节课时，多次体现多学科融合的特点。例如，学生调查问卷的数据展示用到了数学条形统计图，让学生在读图时运用已学的数学知识，培养学生持续读图的能力；在介绍长时间看电子产品对健康的危害中，加入关于眼睛和肩颈的科学小知识和相关数据，普及科学知识；等等。最后，我让学生签订的《我和电子产品约定》也涉及语文学科的内容。

案例二：在进行五年级上册"中华美德 源远流长"第一课时"自强不息的人格修养"教学时，我通过创设"红领巾·学榜样"主题活动，评选新时代好少年，以增强学生对本课的学习效果。学生在品故事、讲故事中，深刻认识到中华传统美德的重要性；通过"照镜子"活动，自省反思缺点；根据语文课学过的书签格式制作励志书签，学以致用，不断提高人格修养。

第六，教师的自我提升和知识结构的扩充需通过主动学习来实现。教师的学习态度直接影响其开发课程资源的能力。虽然教师可能因各种因素的限制而难以找到学习的时间和动力，但一旦突破这些障碍，便能开发出丰富的课程资源。教师学习不仅包括阅读图书，搜集教育相关图片和网络资源，还包括通过观察同事的教学来提高自己的教学技能。教师的素质是道德与法治课程资源开发的关键，因此，在课程资源的建设中，应将教师队伍的培养放在首位。教师应当提高自己的理论水平，掌握教育学、心理学等相关专业理论，并跟上课程改革的最新趋势，使自己成为课程资源的开发者和学生的引导者。

（2）教师的积极性是知识资源开发的核心。教师不仅要传播知识，而且要创新知识。知识传播是一个互动过程，需要教师运用自己的智慧和情感，同时激发学生的热情。知识创新则涉及将现有知识综合和编码化。学校应从政策和物质层面支持教师，以充分发挥其主观能动性。[①]

美国教育心理学家吉诺特强调教师在教学中自我意识的重要性。教师的自我意识和积极性不仅能够改变教育理念，扩大视野，还能激发创造性思维，促进个人和专业的发展，对学生产生积极的影响。[②] 在教学中，教师发挥积极性的具体做法如下。

第一，转变教育理念。教师要与当前的教学改革步伐保持一致，优化教学方法，营造积极的学习环境，以学生为中心，推进以人为本的教育。这样，教师不仅是知识的传播者和创新者，也成为学生学习的引导者和合作者。教师的这种转变和积极性的发挥，对于课程资源的开发和学生的学习都有着不可估量的价值。

 【案例呈现】

道德与法治教材一年级上册有四个单元，即"我是小学生啦""校园生活真快乐""家中的安全与健康""天气虽冷有温暖"。按照"自我—家庭—学校—社区（家乡）—国家—世界"的顺序，将规则意识教育分布在各个单元中。"这样做对吗"内容涉及校园规则、交通规则、游戏规则、课堂规则等，贴近学生生活实际。在教学过程中，整个教学内容应该围绕增强学生的品德修养和法治意识，改变以前的说教、灌输方式，从学生的成长出发，培养他们的责任感和法律意识。

---

① 张艳红. 德育资源论［D］. 长春：东北师范大学，2011.

② 甄丽娜，张智华. 陕西地区中学教师课程资源开发与利用现状调查［J］. 陕西教育学院学报，2007（3）：107-110.

第二，不断创新和丰富教学方法。教师要勇于实施新颖的教学策略，激发学生的学习热情，营造高效的学习环境，促进教育目标的实现。

①创造学习情境，引导学生自主学习。通过提出问题，促进学生自主探索。在教学活动中，融入富有趣味的动画元素，不仅能够增强课堂的活力，点燃学生对知识的热情，加深其对教材内容的理解，还可以结合学生的直接经验和间接经验，进一步提升他们的认知水平和思维水平。这种方法有助于学生在愉悦的氛围中掌握知识，同时培养他们的批判性思维和解决问题的能力。

 【案例呈现】

在进行一年级上册第一单元"开开心心上学去"教学时，我将在网上找到的《上学歌》动画插入自制的课件中，让学生欣赏（也有一部分学生跟着唱），然后进行提问："小男孩背着书包蹦蹦跳跳去干什么？太阳公公为什么笑？花儿为什么那么高兴？小鸟跟着他，想对他说什么？"这样的提问有效激发了学生的兴趣，他们纷纷举手，争着回答。接下来我利用多媒体课件，让学生寻找上学的快乐，感受"情境即在眼前"，从而激发学生积极学习的主动性。

②热点分析法。通过热点案例，用问题链引导学生思考，完成教学计划。
③合作探究法。这是一种以学生为主体，以生生、师生合作的途径解决问题，进而获得知识技能、情感体验的方法。
④情境探究法。通过模拟真实情境，让学生在实际操作中学习知识、解决问题。

 【案例呈现】

在进行四年级上册"我们所了解的环境污染"教学时，我让学生找找日常生活中有哪些塑料制品。这一环节的设计可以让部分学生根据课本引导，从生活走进课堂，从课堂走进生活，了解生活中塑料制品的广泛使用，以及我们的生活离不开塑料制品；但塑料制品的不恰当使用、不正确回收，对我们的环境造成了严重污染。在教学中穿插播放视频，能让学生有更直观的感受。本节课教学把知情意行结合起来，让学生学以致用，解决学生生活中的实践问题，不断丰富学生的生活，使他们树立环保意识，做好环保宣传员。

⑤游戏体验法。将学习内容与游戏体验相结合，通过游戏互动的形式，激发学生的学习兴趣，增强学习效果。

【案例呈现】

在进行二年级下册"传统游戏我会玩"教学时，每名学生都从父辈身上"继承"了一些传统的游戏，如"滑滑梯""捉小鸡"等。我通过学生玩过的游戏案例"滑滑梯"启发他们：在滑滑梯时应该注意什么，有哪些方法是比较平安又稳妥的，思考我们与外国学生玩"滑滑梯"的区别。当这些自己会玩的游戏被提出时，每名学生都很认真地讨论。他们特别好奇外国学生怎么玩这个游戏。这个时候，我切入课题，把我国的传统游戏和他国的一些游戏进行选择性地比照讲解，让学生感受我国传统游戏与他国传统游戏不同的魅力。有这样的认识，掌握教材的内容也就不那么难了。

⑥其他教学方法。灵活、新颖、多变的教学方法有利于激发学生的积极性和创造性，因此，教师要持续思考和创新，开发出更多的教学方式方法。

【案例呈现】

在进行一年级下册"我们有精神"教学时，我让学生观看一段带病上课的小朋友在课堂上的表现。小朋友无精打采、趴着睡觉，学生都不认可这名小朋友的做法，从而引出课题，播放阅兵、团体操、唱歌、打拳等录像，形成对比，学生恍然大悟。最后，我说说身边有正能量的人物，让学生深刻领悟：精神好，身体才更好。多媒体教学能调动学生的积极性和主动性，使课堂充满活力，极大地增强教学实效性。

第三，丰富素材性课程资源库。在开发课程资源时，教师应广泛汲取其他学科的素材。道德与法治课程的小学教师不应局限于自己的学科领域，而是要有意识地扩展阅读范围，涉猎包括文学经典、历史人物的生平及道德与法治家的思想轨迹等，不断丰富知识储备。同时，教师应当从个人的日常生活和经历中挖掘有价值的教学素材。在"生命课堂"教学模式中，教与学的过程转化为一场师生共同参与、共同体验的旅程。这种教学方式让情感、态度和价值观的交流成为一种特定环境下的目标导向活动，也使这段教学旅程成为师生共同珍视的生命体验。因此，教师需要对生活充满热情，不断丰富个人的生活经历，善于观察与感受，以此来扩充自己的教学素材库。

第四，发挥自身特长，重视对教学活动的总结和反思。在教学资源的整合与应用方面，教师应充分发挥个人的主动性与创新精神。依据自身的能力和特色，利用个人的优势，发掘潜在的能力，以形成独特的教学模式。同时，应该向其他教师学习优秀的教学方法，交流教学心得，互相借鉴，不断完善自我，发挥团队的协作优势。此外，小学道德与法治课程要求紧跟时代步伐，因此教师要在教学实践中持续进行总结与反思，不仅要学习新的教学技巧、方法、策略和理念，而且要对教学中存在的问题进行深入分析，以期达到教学持续改进和水平不断提升的目的。

（二）学生资源的开发

在教学中，教师的核心任务是激活学生的主体性，因为学生是学习过程的中心。所有教学活动都应以学生为本，确保教学致力于满足学生的需求。将课堂还给学生，让他们主导自己的学习过程。唤醒学生的主体意识，实施面向全体学生的教育。学生的兴趣、经验、情感、社会关注点、知识水平、认知结构和生活经历等丰富多样的资源，源自学生自身的体验，是最具丰富性、说服力和活力的课程资源。这些课程资源不仅能激发学生的学习热情，更能让他们感受到道德与法治课程不再是空洞的说教，而是有深度、有意义的学习，为他们的终身发展服务，从而显著提升教学效果。

学生是教育的核心力量，不仅是课程学习的主体，也是宝贵的课程资源。每名学生都是一座知识宝库，是课程资源开发的主导者和学习的主人。挖掘和利用学生资源，对提高小学道德与法治教学的质量至关重要。因此，教师应充分调动学生的主动性和积极性，让学生在道德与法治课程资源开发中发挥作用，学会自觉地使用可用资源，为自己的学习、实践和探索性活动服务。在利用学生资源时，教师应遵循"心怀学生、眼观资源"的原则，根据学生的个性、经历、知识背景、兴趣和技能精心设计教学活动。

充分利用学生资源对增强道德与法治课教学的实效性具有重要作用。首先是时间价值。学生就在身边，只要教师认识到学生即资源，平时多观察、多记录，就能获得丰富有效的资源。相比教材和网络，学生资源更稳定，许多素材可持续使用。其次是兴趣价值。道德与法治课程教学应避免脱离实际和过于成人化，将学生的思想和经历引入课堂，结合课本知识和亲身体验，有效增强学生的学习兴趣和参与热情。最后是效能价值。学生资源的最大价值在于提升教学效果。教育家陶行知认为，没有生活做中心的教育是死教育。因此，开发学生资源应立足于学生的实际生活，关注他们的学习和生活现状，从学生的经验、兴趣、差异、问题和学习活动中捕捉资源，使学生的生活体验和参与过程成为课程资源的重要部分。只要教师将学生视为活生生的课程资源，与教学内容进行良性互动，学生所获得的知识将更牢固、情感将更真挚、能力将更全面，小学道德与法治教学目标的实现也将更有效。

学生资源是课程资源中最重要的部分，是人力资源和生命载体的一种形式。新课程改革提出"一切为了每一位学生的发展"，强调关注学生的生活经验、情感体验、学习兴趣、个性差异等，倡导学生积极主动、有意义地学习。学生的知识储备、兴趣爱好、情感体验、生活经历等潜在资源是教学的基础；学生的差异性资源是师生对话、合作的互动资源；只要教师能恰当引导，学生在课堂上的提问、回答、异议，甚至错误，都能成为重要的生成性资源。

1. 将学生的兴趣爱好开发成课程资源

中国古代教育家孔子提出："知之者不如好之者，好之者不如乐之者。"这意味着当学习变成一种兴趣，学生的学习热情自然会被点燃，学习效果也随之提升。因此，兴趣是学习的最佳推动力。在当前的教育理念中，通过多种方式激发学生的学习兴趣已经成为教师和教育决策者的重点。在无数关于培养学生学习兴趣的著作中，都强调了教师通过创造学习情境、建立和谐师生关系来激发学生兴趣的重要性。学生根据自己的兴趣和爱好选择教师和课程的例子随处可见。在小学道德与法治课堂上，教师应以学生的现有兴趣为基础，充分挖掘和利用学生的多样化兴趣和爱好，并将这些兴趣转化为课程资源，进而培养学生新的学习兴趣。这种做法被证明是非常有效的。

 【案例呈现】

案例一：在进行五年级上册"自主选择课余生活"教学时，我开展了"我秀我情趣"活动，为学生展示自己的兴趣、特长提供了舞台；同时，让学生深入思考，在培养这些兴趣、特长过程中，给自己的生活和成长带来了哪些影响。在活动过程中，学生的情趣展示丰富多彩，从吹拉弹唱、书法、棋艺、球技、十字绣等各种技艺，到邮票、钱币、变形金刚等各种收藏，真可谓八仙过海，各显神通。对于兴趣、情趣带给自己的影响，以下学生谈了自己的感受。

刘佳伟："从小学起，我就担任学校的主持人，在各种活动与演讲比赛中锻炼自己的能力。我珍惜每次机会，利用课余时间认真练习，在老师的指导和同学的鼓励下，在自己的坚持与努力中，赢得了许多奖项。我一直坚持努力的兴趣就成为了'情趣'。为了自己喜欢的'情趣'，我在不断地'坚持'，也感受到了'坚持'带给我的成功的喜悦。我相信，骆驼走得慢，但终能走到目的地！"

叶顺鑫："我的兴趣爱好很广泛，喜欢绘画、听歌等，但在其中，我最喜欢的还是我最擅长的乐器——小号。从二年级开始，我就学习演奏小号，至今已有三年多的时间，在这几年中，我也收获了很多。学习演奏小号不仅让我的课余生活变得丰富多彩，更让我在做事和学习上懂得了坚持，懂得做事要脚踏实地。因为，只有坚持，才能成大事；只有坚持，才能成功！直到现在，我依然坚持着演奏小号，并且在我校的金帆管乐团里为学校和班级争光。学习小号教会了我坚持，让我真真正正地体会到：坚持就是胜利！一句老话说得好：只要功夫深，铁杵磨成针！我相信，只要我们一起努力学习，脚踏实地地做好每一件事，就一定能够实现我们的目标和理想！"

案例二：在进行六年级上册"感受生活法律"教学时，我创设出一定的法律情境，让学生观看一些法律小视频，积极地投入问题的探讨之中。这种教学方式让教与学双方都沉浸在一种轻松愉快、头脑风暴的气氛中，学能学得主动、学得扎实，在课堂上充分体验到参与的快乐、思考的乐趣、成功的喜悦，教学的效果也非常好。

2. 将学生的经验特长开发成课程资源

马尼里亚斯形容"经验是不断播种的机器"，英国谚语也称"经验为知识之父"，这些都强调了经验在知识传递中具有不可或缺的作用。经验如何成为知识的播种者呢？美国课程理论家古德莱德将课程分为五个层次：理想课程、正式课程、领悟课程、运作课程和经验课程。经验课程，是指学生在学习过程中真切体验到的内容，即课程中的实践经验。学生在课堂上获得的知识、技能和情感体验构成了他们的学习经验，这些经验的累积有助于锻炼学生的思维能力、丰富学生的知识结构、增强学生分析和解决问题的能力。但学生的经验不仅限于课堂学习，还包括他们在日常生活中积累的经验。教育家陶行知指出"生活即教育"，学生具有不同的家庭背景，拥有不同的文化素养和生活经历，这些经历积累下来，便形成了他们独特的生活经验。

最平坦的道路是我们已经走过的路。将学生的经验转化为教学资源，是提高教学效率的直接途径。教师作为课程的开发者和实践者，应根据学生的实际情况，从他们的生活和学习经验出发，尊重并利用这些经验，并将其作为教学资源。教师应引导学生将现有经验迁移到新的学习中，通过对比新旧经验，帮助学生提炼、整合并创新他们的经验，从而获得新的认知。

　　小学道德与法治课程的人文特质要求课程内容和教学方法要符合小学生的学习和发展规律，要源于生活，贴近学生的实际生活。教师应选择与学生生活经历紧密相关的教学情境和资源，让学生能够亲身感受和理解学习内容，使学习与学生的目标和需求相关联，变成有意义的学习过程，从而发挥道德与法治课程的教育功能，增强实际教学效果。

 【案例呈现】

　　案例一：在进行四年级下册"买东西的学问"教学时，我充分挖掘学生经验与教学内容的有机结合点。小学生已经初步具备独立购物的能力，一般也有过独自购物的经历，并且每天都生活在市场经济环境中，已经从生活中获得了一些消费经验。于是我就把学生生活中的消费经验开发成这一课的教学资源。我从学生的生活实际和经验出发，创设合理的情境，让学生从经验中来，到经验中去。在学生知道《中华人民共和国消费者权益保护法》赋予消费者的权利后，我连续抛出三个问题："你或家人有过被侵权的经历吗？你是如何应对的？积极主动维护权益还有哪些窍门和妙招？"由于问题的设置源于学生的生活，因此学生参与的积极性很高，说出了五花八门的侵权经历，大家在爆笑的同时，也"吃一堑，长一智"，认识了新式的、高科技的购物陷阱，获得了一些消费新经验。尤其是第三个问题，同学们宛如一个个家庭小能手，对一些购物妙招了如指掌：在"蔬菜篇"中，判断茄子老或嫩的可靠方法是看茄子的"眼睛"大小，"眼睛"越大，表示茄子越嫩；尖辣椒辣，且果肉越薄，辣味越重；红椒的维生素C比青椒多。在"水果篇"中，橙子要挑个子高的，火龙果越胖越好。在"超市购物篇"中，同学们发现目光所至1.6~1.8米处的商品利润最高，货架最低处的商品更划算，摆放越靠外面的商品越不新鲜。在"维权篇"中，同学们认为展销会维权可以先与参展商协商，找不到参展商可以找主办方与租赁给参展商场地的租赁方。同学们七嘴八舌话维权，将生活经验交流与分享，使一个人的经验变成大家的经验，使大家的消费经验更丰富、维权意识更强。通过这样的设计，让学生了解了消费者享有的权利，理解了维护消费者合法权益的意义，增长了维权知识，增强了依法维权的意识。

　　案例二：在进行六年级下册"完善自我，健康成长"教学时，我在课前结合现在小学生的生活实际精心设计了"尊重""宽容""反思"等板块来创设情景，并且根据学生身心发展的规律设计情景问题。同时，指导学生在课前以小组合作的形式做好关于自身心理变化及生活实际的预习作业，查阅人类不同阶段心理发展变化的相关资料。这样的安排让学生感觉非常新颖有趣，在课前就把学生的积极性调动起来了。在课上，小组内部合作讨论，积极表达观点想法，课堂气氛十分活跃，小组成员集思广益，积极举手表达本小组的看法、理由和建议，教师在旁予以说明、归纳和总结。这样一来，教师教得轻松，学生也学得轻松。

3. 将学生的学习体验开发成课程资源

苏霍姆林斯基深刻指出，在每个人心中都有一种深植的渴望，那就是成为发现者、研究者和探索者，尤其是在孩子的心灵世界里，这种渴望尤为强烈。现代教学理论研究发现，激发学习兴趣的真正动力不在于感知，而在于问题的提出。只有当学生对知识产生疑问时，他们的求知欲才会被激发，从而促进深层次的思考。认识是一个持续的过程，而非单一的结果。通过解决问题，学生不仅掌握了知识，还提高了将理论与实践相结合的能力，同时培养了善于思考的心态。

在道德与法治课程中，教师通过创设问题导向的学习情境，可以引导学生进行积极思考，激发他们对生活体验的新感悟，从而主动参与课堂活动。在这些活动中，学生能不断获得新的感受和体验，进而理解知识、掌握方法、发展能力、丰富情感。新闻事件提供了丰富的思考和拓展点，能为课堂教学提供广阔的资源空间。教师可以根据新闻事件中能够激发学生思考和探究的元素，创造相应的学习情境，巧妙地引领学生进入这些情境，通过提出恰当的问题，促使学生自主思考和积极探索。这样的教学策略不仅能增强学生的学习体验，也能使道德与法治教学更加生动和有效。

 【案例呈现】

案例一：在进行四年级上册"这些事我来做"教学时，我设计了预习单，要求学生观察父母一天的家务劳动，如摆碗筷、叠被子、扫地等，思考哪些事是自己能做的，并向父母讨教学习方法。学生通过观察、交流、学做，回到课堂后，就能分享做家务的方法和交流自己的感受；而教师除了适当适时地点评，俨然成为一个幸福的"旁观者"。课前的生活体验，让学生体会到做家务的辛苦,从而自觉主动地承担力所能及的部分家务劳动,学会关爱家人。

案例二:在进行五年级下册"弘扬优秀家风"教学时,做"优秀家风的宣传使者"主题活动时,我课前让学生选择自己比较擅长的技能进行创意宣传,如家风演讲、板报宣传、家风写作、书法展示等,然后在课上进行展示。把课堂作为展示自我的平台,不仅让学生成为优秀家风的传播者,传递正能量,也让学生充分展示才艺,体验成功的喜悦。

4. 将学生的情感体验开发成课程资源

道德知识的形成并非仅仅依赖逻辑推理,而是深植于个人的道德生活体验和认同之中,以其真挚的情感和心灵的共鸣来传承和孕育。情感在内心深处萌发,最终转化为行动。学生的情感体验深藏于他们的心中,影响着他们的心理发展,并最终显现为具体的行为。素质教育是一个充满爱与情感的伟大事业,它超越了单纯追求知识掌握的应试教育,尊重学生的情感体验,旨在培养全面发展的个体。小学道德与法治课程是情感教育的重要途径,是培育学生情感的沃土。2022 年版课标强调了对学生情感体验和道德实践的重视。情感体验和道德实践是道德教育中关键的学习方式。教师应巧妙地创设教育情境,引导学生通过亲身体验和深刻感悟,在获得情感体验的同时加深对思想的理解。小学道德与法治课程的教学目标不仅是知识和能力,更重要的是对情感、态度和价值观的培养。将学生的真实情感体验作为教学资源,设计能够触动情感和提升情感的教学内容,是一种有效的教学方法,它有助于学生形成美好的情感,为成长打下坚实的基础,同时为培养合格的社会主义公民作出贡献。

 【案例呈现】

案例一:五年级下册"百年追梦,复兴中华"单元包含中国烈士纪念日和开国大典这些知识点。教师如果只在课堂上纯粹地讲授这些历史知识,那么是没有温度的,很难引起学生的共鸣。在教学前,教师可以结合少先队活动开展一次主题班会活动——致敬英烈,引导学生主动去了解中国的近代史,激发他们学历史的兴趣,丰富他们的情感。

案例二:除了少先队活动,开展社会志愿者教育活动也可以很好地激发学生的学习兴趣,丰富学生的经验,从而有效提升道德与法治教学的质量。我校大队部计划在学期初开展"童心伴随夕阳红"敬老节感恩活动,这一教育主题与五年级下册中"我参与,我奉献"的教学主题是非常一致的。教学时,我将这次大队活动与社会实践活动紧密结合，开展班会、采访等活动，评选出"十佳阳光少年""美德少年"，为学生树立道德榜样，让学生懂得尊老爱老。

5. 将学生的差异性开发成课程资源

建构主义视角下的学生观强调学生是学习过程中的主动参与者，他们在构建知识意义的过程中发挥主导作用。学习不只是信息的被动接收，而是基于学生的先前经验和认知结构，去主动形成和整合新知识的过程。建构主义教育理论要求教师在教学设计时充分考虑学生的个体差异，发现并利用每名学生的"最近发展区"，制定灵活的教学目标。在教学实践中，教师应关注学生在学习过程中产生的创造性贡献，如问题提出、课堂互动、情感表达等，这些都是学生个体经验在新知识学习中发挥作用的体现；应强调学生的主动性、自主性和探索性，让学生在多样化的学习情境中运用他们的基本资源，从而使知识转化为实践能力，点燃创新思维的火花。

【案例呈现】

在进行四年级上册"我们所了解的环境污染"教学时，考虑到四年级的学生处于从中年级向高年级的过渡期，大多数学生对环境污染感受较少、对环境污染的危害认识不够、环保意识比较薄弱，因此我按照其能力大小来分组。首先，让能力一般的学生完成比较简单的任务，如询问他们："你知道什么是'白色污染'吗？你见过哪些塑料产品？"其次，让能力较强的学生完成比较难的任务，如询问他们："你知道为什么塑料垃圾污染会被称为'白色污染'吗？既然'白色污染'危害这么严重，那么我们可以完全不使用塑料吗？如果没有这些'白色污染'，我们的生活会变成什么样？"再次，让能力出众的学生完成难度大的任务，如询问他们："在你的周围有哪些物品可以替代塑料产品呢？你有什么好的方案？"虽然这些任务依次分派到个人，但不代表组内其他成员可以不做，而是让这些有能力的同学带动、辅助组内其他成员完成任务。最后，进行组内评选、班内评选。这样的合作学习方式，可以让学生优势互补、取长补短，取得共同进步、全面发展的效果。

6. 将学生中榜样人物的事迹开发成课程资源

榜样，是指那些值得我们效仿的人或事。榜样的力量在于能够为我们提供不断追求的目标和参照。榜样是向上的动力，是反映并激励自我的镜子，是引领方向的旗帜。教学中的模范人物应根植于学生的生活实际，满足他们社会性成长的需求，因为只有具体、真实的榜样，才能缩短与学生之间的距离，获得他们的认同和尊敬。

【案例呈现】

在进行四年级下册"说话要算数"教学时，我鼓励学生探索身边线索，承诺将在学生的共享中与学生共同选择出的说话算数的人作为班级的诚信之星，便于学生模仿学习、追赶超越。这种教学设计不仅关注学生的生活世界，实现认知与行为的和谐统一，还贯彻了新课程标准中"以人为本"和"学以致用"的理念。

"见贤思齐"，将学生自身的资源转化为小学道德与法治课程的一部分，是实现学生自我教育的有效途径。在这个过程中，确定榜样的人物和事迹至关重要。首先，榜样的事迹必须是真实和可信的，应当客观、全面地呈现其成长历程，真实地展现其高尚的思想品质。这样，才能建立起真正令人信服的榜样形象，而不会让学生感到榜样高不可攀。其次，应帮助学生缩短与榜样之间的距离。引导学生学习榜样的核心精神，而非仅仅模仿其行为，将榜样的学习与学生的日常生活相结合，并转化为具体的行动。最后，榜样应成为学生自我约束的力量。在学习榜样的过程中，应将榜样的力量从外部约束转变为学生内心的驱动力，激发学生内心深处对榜样的敬仰和爱慕，从而实现自我教育和自我提升的目标。

7. 将学生对时政的关注拓展为课程资源

在这个信息爆炸的时代，每天都有海量的信息涌入人们的生活。学生不再是闭门不出只读书的形象。小学道德与法治课程融合了时政性、社会性和人文性，紧跟时代步伐，能引导学生客观分析和评论社会问题，敏锐洞察社会热点。道德与法治课程与时政的紧密联系，为我们提供了将学生对时事新闻的兴趣转化为课程资源的机会。时事新闻包括新闻机构对国内外重大事件的报道，如道德与法治事件或其他社会事件。当代小学生关注全球大事，乐于接受新知识和新事物，并愿意分享自己的见解。因此，在每节课一开始，可以设立"新闻播报"环节，通过生动的时事新闻让学生了解社会状况。教师根据情况引导学生进行时事评论，培养他们从多角度思考的能力，以及获取信息、总结归纳、分析阐述的技能。这不仅能扩展学生的知识面，完善他们的认知结构，还能培养他们的综合能力和自主探究能力，对他们的全面发展起到重要的推动作用。

【案例呈现】

案例一：在高年级的道德与法治课堂上，可以充分利用课前 2 分钟组织学生开展"时事新闻播报"活动。每节课选 1~2 名学生结合自己在课下时间观看新闻联播或者通过网络等方式收集的时事热点新闻事件，用尽可能简练的语言，分享给全班同学，可以加上自己的一点儿见解。对交流内容不做限制，既可以是国内外大事，也可以是本地区的事情，但必须是正确的、积极向上的。每节课前的"时事新闻播报"活动，一方面，可以吸引学生的注意力，让学生的思维慢慢关注到课堂，形成良好的课堂氛围，为下面的授课打好基础；另一方面，"时事新闻播报"活动为师生、生生交流架起一座"桥梁"。教师可以去了解学生眼中的社会热点，学生在这个过程中也养成了独立思考的思维方式，增强了"天下兴亡，匹夫有责"的使命感。

案例二：在进行六年级下册"学会尊重"教学时，教师向学生投放了这样一则时政新闻：地表温度在 40 摄氏度以上，因为大厦不准外卖人员进入，一名外卖员只好在阳光下等待顾客下楼取外卖，他又急又热，突然晕倒在地。教师引导学生就这则新闻展开讨论，学生普遍表达了"要学会尊重别人，学会关怀"的观点。也有学生指出，大厦为什么不允许外卖人员进入？现在叫外卖的人这么多，为什么没有专用的通道？激烈讨论后，教师把学生的辩论焦点引到两个方向——人文关怀与城市基础设施。最后，大家达成这样的共识：人们对外卖员在路上争分夺秒的情况要多理解；如果道路上有非机动车道，情况会好很多。社会飞速发展，但是相应的基础设施和相关规则却没有及时跟进，因此造成了许多问题。例如，在设计高楼时，应该预留货车和搬运物品的空间；在制定规则时，应充分考虑特殊人群的需求，以实现细微处的人文关怀。在教师的指引下，学生认识到：规则必须大家共同遵守，遵守规则是每个人的责任；为了规则畅通，社会的监管和适度的奖惩是必不可少的。教师对时政材料进行深入挖掘，鼓励每名学生发言，倾听每名学生的声音，并及时给予相应的回应，能有厚度、有质量地培养学生的责任与爱心，完成社会主义核心价值观教育的教学计划。

（三）家长资源的开发

家长资源，包括他们的社交网络、生活经验和职业知识，是道德与法治教育中不可或缺的一部分。家长的参与能够显著提升课程资源的开发效率。在学校环境中，教师资源相对固定，教学风格和内容的更新需要时间。通过家访和与家长的沟通，教师可以深入了解学生的家庭背景，了解家长的才华和职业特点。利用这些信息，教师可以邀请家长参与教学，丰富课堂内容。家长不仅是孩子的首任教师，也是孩子品格形成和习惯养成的关键影响者。家长的支持和参与不仅是教育的助力，更是合作的桥梁。家长可以利用自己的专业知识和丰富经验为教学注入新的活力，甚至可以利用自己的职业特性为课程实施提供便利。他们对孩子的行为和需求有独到的理解，这是教育中的优势。将家长的职业技能和社会资源引入学校并作为教学资源，已成为学校教学的有效补充，是值得重视和利用的重要资源。例如，邀请家长参与课堂听课，或利用他们的职业背景和兴趣爱好为学生授课、举办讲座，或请他们协助学校开展社会实践活动。家长的参与不仅能使课堂更加丰富多彩，也能使教学更加生动有趣，让学生更愿意接受。这样，学生的学习世界更贴近生活实际，有利于他们全面健康地成长。一些家长可能是道德与法治或相关领域的专家，他们不仅能指导自己的孩子，也能为学生的学习活动提供指导。

许多家长在社会各界担任重要职务，拥有丰富的社会资源。这些家长资源是可持续利用的。随着每届学生的毕业和新生的到来，家长的结构也在不断变化。家长资源丰富多样，他们从事不同职业，拥有不同的专业知识，这些知识是学生在课本上学不到的、在社会实践中难以深刻体会的。家长能够为学生提供独特的人生经历，深入浅出地分享专业知识，开阔学生的视野，丰富学生的认知世界。将家长的职业特长转化为课程资源，对学校来说，是优化教育条件、丰富办学形式的机会；对学生来说，则是终身受益的财富。

将家长的职业特长转化为课程资源。通过家校互动，整合和利用双方资源，为学校创造新的办学特色，为学生提供均衡的知识营养，为教师汲取新知识提供新途径。这种互动能促进学校、学生和教师的共同成长。家长在社会各行各业中拥有自己的优势，这些优势是可以开发的宝贵资源。在道德与法治课程中，除了可以设计访谈活动，还可以依托家长资源设计社会调查活动。调查活动中，家长的支持和配合可大大提高调查效率。

将家长的人生感悟转化为课程资源。家庭是孩子成长的第一课堂，父母是孩子的第一任老师。父母的行为在无形中为孩子树立了榜样，他们是孩子人生舞台背后的镜子，能够反映孩子的优点和缺点。父母珍视孩子如宝贝，乐于与孩子分享自己的人生感悟。让家长成为小学道德与法治课程的常客，是教师提升自身业务能力的有效途径。这种做法不仅有助于教师的个人成长，也有助于学生从家长那里学习到宝贵的人生经验和智慧。这样的家校合作，对于培养学生的道德感和法治意识具有重要意义。

 【案例呈现】

在进行五年级下册"读懂彼此的心"教学时，我将家长请进课堂，充分抓住了本节课的情感内核——以情动人。通过"倾诉自己的烦恼""聆听父母的心声""思维碰撞感受爱""幸福分享寻找爱"四个环节，让学生和家长都能学会理解彼此、读懂彼此的心，逻辑方面层层递进，一环扣一环。让学生和家长都试着从不理解彼此的困惑烦恼到学会主动倾诉、换位思考，再到学会理解彼此、读懂彼此的心，情感变化有过程、有深度。这节课让孩子泪流满面、久久回味，让父母和孩子敞开了心灵。

（四）社会名流资源的开发

社会名流，凭借其独特的兴趣、经历和成就，成为道德与法治教学中的宝贵资源。不同的人有不同的兴趣爱好和人生阅历，这都是丰富的潜在资源。通过引入名人的故事及传记，可以激发学生的学习热情，提高他们的参与度，从而提升课堂教学效果。

 【案例呈现】

在进行四年级下册"家乡的喜与忧"教学时，我安排了"家乡的发展""我为家乡发展出力"两个板块，旨在让学生通过调查等活动，感受家乡的发展变化，关心和了解家乡发展中存在的问题并提出可行性建议，同时增强忧患意识和公共参与意识。有一名教师以福建安溪铁观音茶切入，引导学生透过茶产业的发展和变化，用发展的眼光审视茶乡的历史和现状，使学生对茶乡的了解更立体。学生访问亲友，翻看老照片，走进茶农家、茶企、茶科所等地，眼里看着发展，心里装满收获。汇报时，有一名学生播放了采访安溪制茶工艺大师李金登的视频："以前制茶'靠天吃饭'，纯手工制作，产量低；现在依靠恒温除湿、空调做青、一体智能化机械生产，提高了茶叶的产量和品质。依靠科学技术制茶，我们家实现了脱贫致富，过上了好日子……做茶叶生意，肩挑手扛早已成为历史，现在做电商，通过淘宝、京东、抖音等方式，把茶叶卖到世界各地，方便、快捷、高效。"在交流中，学生切身体会到茶产业走向现代化给茶乡人民的生活带来的便利，感受到科学技术对生产和生活的重要影响，热爱科学、努力学习的种子也开始在学生心中生根发芽。他们纷纷表达了愿意为茶乡的发展而努力，让茶乡拥有更加美好的未来，展现了茶乡少年的责任与担当，也实现了本课的教学目标。

二、以物为载体的课程资源开发

物质资源通过实物的形式，为小学道德与法治课程提供直观的教育内容。这些资源形式多样，包括教材、教具、学校设施、社区环境、图书馆、博物馆、历史遗迹及爱国主义教育基地等。

（一）教材资源的开发

教材资源包括课本和相关的辅助材料，如教师用书、学生练习册等。尽管这些出版的教材和辅助资料可能已经非常成熟，但也要随着时代的发展不断更新完善。因此，教师需要对教材进行适当的加工和改造。备教材是备课的一部分，教师要充分挖掘和利用教材资源。

教师的职责是确保学生接触到的教材安全且具有教育意义。有时，教师可能需要对教材进行深入的筛选和精练，同时为学生留出空间，让他们在原始的资源中自行探索有意义的主题。

1. 创造性地使用教材

教材长期以来被视为课程资源的核心，甚至是唯一来源。虽然基础教育的新一轮课程改革强调了课程资源的多样性，但并不意味着完全摒弃教材。事实上，随着时代的进步和人们对教材的期望，教材不再是唯一的资源，其重要性正在逐渐减弱，这一点必须受到人们的关注。在当前形势下，学校和教师应将教材视为众多课程资源中的一部分，结合当地情况、教师个性和风格及学生的具体情况，创新性地利用教材，摒弃仅仅"传授教材"的传统教学观念。

在日常教学中，课程标准和教材构成了基础教学资源。教材是教师授课的依据，也是学生获取知识的主要渠道。教师应充分运用这些标准和教材，对教材进行适当的加工和改进，高效利用教材。随着教材的不断更新和创新，小学道德与法治教材越发能够反映学科文化和人文精神，其价值在教师创造性使用中得以深化和扩展。

 【案例呈现】

案例一：在进行三年级上册"认识交通标志"教学时，我改变了以往的教学方法，让学生在自己的创造中意识到交通安全的重要性。以往的教学，我都会让学生先自己查找一些交通标志，再交流自己查到的交通标志，讨论这些标志有什么作用，随后让学生进行巩固练习：一些学生举起自己的交通标志牌，让其他同学说出它的含义。在这样的教学模式下，学生只是在教师的引导下强行记住一些交通标志及其含义，并没有领悟其中的深刻寓意。因此，即使认识这些标志，也不能起到警示作用，并没有达到德育类课程教学的真正目的。为此，我大胆地对教学方法进行了改进。首先，我创设了一个情境，将学生带入一个与现实生活一模一样的模拟街道上，让学生在情境中过马路、乘坐公共汽车、骑车等，制造出一些"交通事故"，让学生找出存在的问题，归纳出过马路、乘坐公共汽车和骑车都有哪些要注意的地方。然后让学生继续动脑想一想，如何让其他行人也知道这样做不安全，他们会设计出怎样的标志牌告诉行人呢？此时，学生的兴趣非常大，他们发挥想象，创造出许多有意义的标志牌，而且他们在展示自己的标志牌时讲解得头头是道。最后，我请出交通安全员，给大家介绍正确的交通标志，并解释其中的寓意。这样，学生的印象会更深刻，从而在活跃的氛围中实现道德与法治课程的教学目标，使活动主题更鲜明。

案例二：在进行三年级上册"安全记心中"教学时，我对教材内容进行了重新编排。该课内容涵盖面广，但教参只安排两课时完成。为了突出安全的重要性，我特意改为三课时。日常生活中，涉及学生安全的范围很广，我着重选取了五个方面的内容，分别是交通安全、防溺水、防火灾、校园安全和居家安全。我要求学生把每方面容易出现的安全事项一一罗列出来，让学生清楚地知道造成这些安全事故的原因，以及该如何避免这些事故的发生。在交通安全方面，我搜集了大量交通事故的图片（比较血腥的我会打上马赛克）和数据，通过这些图片和数据的呈现，冲击了学生的视野，震撼了学生的心灵，从而使他们知道遵守交通规则的重要性，懂得作为公民必须遵守交通规则，不要害己害人、遗憾终身。在防溺水话题上，我以探究活动的形式进行分组讨论，模拟场景，引导学生探究第一个问题：当自己发生溺水时该如何自救？学生通过讨论，清晰地知道不能惊慌，要镇定，尽量把身体浮在水面，鼻子朝上，能够呼吸新鲜的空气，再想办法求救。我让学生分组进行场景模拟，再由同学进行点评。学生热情非常高，人人都积极参与活动。接着，我抛出第二个问题：如果发现别人溺水，又该怎么办？我出示了小孩儿溺水的动画，组织小组讨论救人的办法，鼓励学生主动参与讨论，让学生懂得科学救人的方法，懂得千万不能盲目下水去救人，更不能由于慌张而逃走。通过开展这种探究活动，锻炼了学生的思考能力和探究能力，同时增强了学生的安全意识，提升了他们的自护能力。

2. 建构教材的知识结构

美国知名教育专家、结构教学的领军人物布鲁姆指出，无论教授何种学科，关键在于让学生把握学科的核心架构。他还强调，如果所学知识缺乏完整的架构将其串联，那么这些知识很可能会被忘记。在教学实践中，教师对教材的熟悉程度和对教材编写意图的理解，以及对教学目标的研究，使他们能够在不同的教学内容中进行结构化或图形化的规划。通过分类，教师能够更好地把握共性，阐释其内在联系，从而帮助学生更好地理解和记忆。这种方法是开发教材资源的有效途径。

3. 整合教材，发挥教材的核心作用

教材是学校教育中传授知识内容的主要载体，它连接着教师的"教"与学生的"学"，是课程资源的核心。教材分为广义和狭义两种：广义教材主要包括文本型课本和辅助教材；而狭义教材特指学校教学中使用的教科书。毫无疑问，教材是目前使用最广泛、对学生影响最深远的课程内容载体。长期以来，教材被视为集合了人类智慧精髓的著作，它在教学中的地位无可替代，是教学的起点、内容和依据。传统上，我们强调课堂教学应"以本为本"，教师备课应"吃透教材"，学生学习应"围绕教材"，学校考试应"紧扣教材"，试题答案要与教材"保持一致"。然而，这种观点与新课程改革的精神并不相符。新课程改革强调教学内容不仅限于书本上的知识，还包括隐藏在书本知识背后、在学生与教师、学生与学生、学生与环境的互动过程中展现出的生动问题以及对这些问题的回应。学生的学习不应是被动接受，而应是在现有思维框架基础上的有意义重构。教学过程不应仅仅是教材、教师和学生之间的单向传递，而应是学生、教师、教材及环境之间的双向互动和探索过程。因此，教师需要对教材进行适当的增减、调整和加工，这一过程不仅融合了教师对教材的理解、演绎、选择、加工和创新，也体现了教师解决教材编写的普遍性与具体教学特殊性之间矛盾的能力。

【案例呈现】

由于二年级上册"我爱家乡山和水"部分没有呈现太多的地理人文等方面的内容，因此教师可以要求家长利用周末带孩子一起游览家乡景点，并在课堂上鼓励学生分享自己的游玩经历，谈谈自己心目中的家乡文化。这样既能锻炼学生的语言表达能力，也能促进学生对家乡文化的了解。在进行"家乡物产养育我"教学时，教师可以带领学生一起了解当地的饮食文化，深化学生对生活的认知，通过理实结合的方式锻炼学生的思维能力、实践能力及人际交往能力。在进行"可亲可敬的家乡人"教学时，教师可以在课堂上为学生介绍家乡的名人事迹，或带领学生前往博物馆、纪念馆了解先辈的光辉历史，以此深化学生对名人精神品质的体悟，激励学生好好学习，从小树立为家乡、为国家奉献的信念。

4. 促进教材内容生活化

相较于其他学科，道德与法治课程的内容更为广泛，与学生日常生活的联系也更为密切。为了在教学中实现"德育根植于生活"的理念，教师应当紧跟学生的实际生活，充分利用教材中的图片资源，并适时引入与学生生活息息相关的社会热点，来唤起学生的学习兴趣和欲望，增强他们的学习动力。

【案例呈现】

在进行"我爱家乡山和水"教学时，我让学生向同学介绍自己家乡的美景、特产。课前，我收集了大量安溪美景的图片，结合他们春游去过的景点进行介绍，激发他们对家乡的热爱。我还请学生品尝了湖头鸡卷、湖头米饭、官桥豆干、长卿白粿等，鼓励学生课后与家长一起"走近安溪"。这样的安排，让教学内容回归生活、贴近生活，有效地调动起学生的学习热情，让课堂充满活力，也让爱国、爱家的种子慢慢植根于学生心中。

（二）多媒体教学资源的开发

美国学者布鲁巴克在对西方"教学方法"的历史发展做了详尽的梳理与

分析之后感叹：到 20 世纪中期、21 世纪初，在教学方法上占据重要地位的推进力，基本上已经耗竭了；教育家平静下来，沿着业已确定的主要路线进行了一些微小的改进。如果说采用复述法的时代已经过去，那么，教师毫无保留地热衷于某一种教学法（如赫尔巴特的方法或杜威的方法）的时代同样一去不复返了。教师应根据不同的目的、不同的课程、不同的学生折中地选择教学方法。在教学方法的前沿阵地，假使还有哪一点可以成为新的突破口的话，那就是教育技术。现代教育的确越来越显示出现代教育技术的力量和魅力。在道德与法治课教学过程中，教师可以通过多媒体技术给学生展示文字、视频、图片等教学信息。道德与法治课的教学形式多种多样，教师在利用多媒体进行教学时，一定要符合学生的实际需要，与学生的生活密切联系。不过，现代教育技术能否发挥它的力量和魅力，取决于教师能否对其恰当使用，以便能够真正实现现代教育技术与课程的整合。

 【案例呈现】

案例一：在进行二年级下册"挑战第一次"教学时，我采用多媒体给学生播放案例，让学生自行判断这些行为是否可取，这样学生会全身心地投入其中，并形成自己的评价。有的学生会说："在没有大人保护的前提下独自下河游泳是很危险的，一定不能冒险。"我在学生讨论时先给出一定的参考意见，并且提醒学生，大家在尝试新鲜事物时一定要有自己的判断和选择，要判断它是不是可以尝试的，因为有些尝试非常危险。然后，我用多媒体播放一些直观的案例，让学生有更深刻的认识。

案例二：在进行二年级下册"试种一粒籽"教学时，我让学生课下试种一粒籽，并将试种情况以照片的形式记录下来，参与班级展示活动。经过一段时间的实践，学生收获颇多。在课堂展示阶段，很多学生都能够将相关的照片信息传递给教师。教师利用多媒体进行展示，不时给出解读。学生看得特别仔细，从中获得了启迪和感悟，纷纷发言，课堂学习气氛浓郁。照片展示活动能实现课外实践与课内展示的融合，为学生的学习感知提供更多的信息支持。学生对信息性作业任务比较敏感，自然能够积极参与到学习活动中来。

（三）文学素材的开发

文学资源（如诗歌、成语、寓言和格言等）是长期沿用的、具有独特表达力的固定结构短语。它们紧凑、简洁、直接，代表了中国文学的精髓。教材中越来越多地采用这些文学资源，使教学内容更为丰富、场景更加贴近生活、语言更加生动。这些资源展示了公众素养中对知识选择的原则，有助于教师改进教学方法，符合新课程改革的方向。

1. 诗词歌赋的开发

古诗词是先人留给我们的一笔宝贵的精神财富，那些传诵不衰的古诗词，蕴含着深刻的道理，具有无穷的吸引力及很强的表现力、说服力和感染力。如果能根据教材内容，恰当撷取古诗词中的精华，剖析其中所蕴含的道理，那么就能激发学生的求知欲，使学生迅速进入学习状态，培养学生的欣赏力和审美趣味，让他们体验中华文化的独特魅力，在潜移默化中培育爱国情感、增强爱国热忱。例如，杜甫的"床头屋漏无干处，雨脚如麻未断绝"，以及"安得广厦千万间，大庇天下寒士俱欢颜"，表达了他对国家和人民的深切关怀。将诗词作为教学资源，能让学生感受作者满满的正能量，体会古人坚定的意志、冷静的处事态度和高尚的爱国情怀，具有强大的感染力。有时，诗词也用作课堂的引入或总结。

 【案例呈现】

案例一：在进行六年级下册"当冲突发生"教学时，我利用苏轼的《题西林壁》（"横看成岭侧成峰，远近高低各不同。不识庐山真面目，只缘身在此山中"）导入，通过提问让学生分析诗词中蕴含的道理。学生通过分析领悟，认识到看事物不能从一个角度看，只有多视角地观察事物，才能全面认识事物。巧用古诗词导入，不仅能让学生赏析古诗词的道理美，领略其中的内涵，而且能激发学生的兴趣，使学生迅速进入学习状态，从而增强课堂教学效果。

古语云"结句当如撞钟，清音有余"，我国的古诗词以其简洁的语言、深邃的内涵、和谐的韵律和强烈的节奏感，承载着丰富的人文和科学精神。这些诗词不仅影响着学生的世界观、人生观、价值观，也是中华优秀传统文化的精髓和中国文学宝库的珍品。在道德与法治课程教学过程中，如果能巧妙地将古诗词作为课程的收尾，常能达到"虽然话题已尽，但趣味无穷；思考虽未结束，但启发无限"的境界，从而使课堂主题得到更加深刻的概括和提升。

案例二：在进行一年级下册"家人的爱"教学时，我采用了集体诵读古诗词的方式。首先，我用饱含感情的语言引入主题："今天我们共同感受了天下父母最真挚、最质朴的爱，让我们怀着一颗感恩的心，回馈父母的养育之恩。"然后播放《弟子规》视频——《入则孝》，随着字幕、和着童音，师生共同齐声诵读：

父母呼　应勿缓　父母命　行勿懒

父母教　须敬听　父母责　须顺承

冬则温　夏则凊　晨则省　昏则定

…………

运用《弟子规》作为结束语，不仅使课堂的文化气息更加浓郁，升华了主题，凸显了中华优秀传统文化的魅力，散发着浓郁的人文味道，而且使学生增长了见识和涵养，更重要的是引导学生将其内化为自己的行动，以启迪智慧，培养优雅的性情和敦厚的人格气质。

2. 成语典故的开发

成语是汉语中不可或缺的组成部分，是我国语言文化中的璀璨宝石，语言简练而意蕴深远。成语以其固定性、常用性、对偶性、文化性和优雅性而著称，对仗工整，韵律和谐，蕴含着深刻的道理。在小学道德与法治教育中恰当地引用成语，不仅能够提升学生的文学修养，还能拓宽他们的思维，激发联想，帮助他们更深刻地理解和应用小学道德与法治原理，在轻松愉悦的学习氛围中受到启发，更好地吸收知识，同时有助于教师更有效地完成教学任务。以下是成语典故在教学中的三种主要应用方式。

首先，巧妙运用成语典故，轻松引入新课程。学生天生具有好奇心，喜欢听故事，而许多成语源自历史故事、神话传说和传奇人物，这些故事情节引人入胜，寓意深刻。将这些故事引入新课，不仅能激发学生的学习兴趣，还能活跃课堂气氛。例如，在诚实守信的教育中，可以讲述"立木为信""一诺千金""烽火戏诸侯"的故事，帮助学生深刻理解诚实守信的重要性。

其次，巧妙运用成语典故，加深记忆和理解。可以利用成语典故的易懂性，通过成语背后的故事来加深学生对道德的认识和理解。例如，在道德与法治课开始前的几分钟，让学生通过了解成语背后的故事来感悟其中的道理，如"投笔从戎""沧海遗珠""庖丁解牛""望梅止渴"等。这些成语故事能深刻影响学生的心灵，促使他们成为中华优秀传统文化的继承者和传播者。

最后，巧妙运用成语典故，培养学生的思辨能力。成语典故是我国古代人民智慧的结晶，是劳动人民在长期社会实践中总结出的智慧，充满了生活和时代的气息。在教学中穿插成语故事，可以帮助学生更容易地接受小学道德与法治知识，了解成语的文字意义和内在含义，促进思维发展。通过讲解成语的含义、出处和故事，如"悬梁刺股""融会贯通"等，能激发学生的学习兴趣，培养他们学习古人刻苦学习的精神。

中华文化博大精深，成语典故在教学中的应用十分广泛，但在使用时也应注意以下四点。

第一，选用的成语典故须准确。选用的成语应恰当地阐释教材中的道理和观点，具有启发性和教育意义。教师在备课和授课过程中，应准确理解教材的基本原理，确保所选成语的内涵与教材一致，以达到预期的教学效果。

第二，选用的成语典故应通俗易懂。选用的成语应适合学生的认知水平，含义明显，经过教师简单的引导，学生便能理解和掌握，要有利于激发学生的学习积极性，减轻其学习压力。

第三，选用成语典故应适量。在小学道德与法治课教学中，由于道理较为抽象，因此成语的使用应有助于学生理解道理，从而获得"豁然开朗"的感悟。关于成语典故使用的量，应以学生接受和发现的程度为衡量标准，做到既推动教学发展，又让学生抓住重点，从而完成教学要求。

第四，运用成语典故应注意教学的深浅度。在使用成语时，不仅要分析其本意，还要考虑其寓意。例如，"胸有成竹"既有本意也有寓意，教师应结合本意和寓意进行分析，让学生了解其出处及小学道德与法治教育方面的寓意。随着教学的深入和学生认识的提升，可以用不同的道理分析同一个成语，但这需要考虑学生和教学的实际情况。

3. 寓言故事的开发

寓言故事是一种隐喻性的语言艺术，常蕴含讽刺和劝诫之意。这些故事是我国劳动人民几千年生活智慧的结晶，以其高度的概括性和总结性，代代相传，家喻户晓。它们以简练有力的方式阐释了人类社会和自然界的生存法则，承担着教化人们如何为人处世、协调人与自然和社会的和谐关系的责任。寓言故事虽叙述简单，却蕴含深刻思想，常以双关语阐释道理、验证观念。

巧妙运用寓言故事，可以培养学生的思辨思维。寓言故事通过简短文字传递深层寓意，成为说理散文的亮点。因此，它们对于我们理解和运用马克思主义，建立科学的世界观、人生观、价值观具有重要意义。寓言以其简洁、朴实的语言和讽刺劝诫的风格，使深奥的道理在简单的词句中显现。

【案例呈现】

案例一：在进行三年级上册"我们的班集体"教学时，我引用了《天鹅、大虾和梭鱼》的寓言故事：有一次，天鹅、大虾和梭鱼一起负责运送一车行李。它们一起套上小推车，拼命地拉，虽然用尽力气，但小推车还是停留在原地。对它们来说，行李根本不重，可是天鹅一个劲儿要飞上云霄，大虾使劲往后退，梭鱼一心要向水里钻。

在课堂教学时，我组织学生探讨以下三个问题。

(1) 它们用尽力气，但小推车还是停留在原地，为什么？

学生1：它们根本就不会拉车，当然不会动。

学生2：没有发挥集体的力量，没有形成合力。

学生3：天鹅一个劲儿要飞上云霄，大虾使劲往后退，梭鱼一心要向水里钻。

学生4：用力的方向不一致，尽管它们都很用力，但车子还是不动。

(2) 它们怎样才能把行李运到目的地？

学生1：不知道，没有办法。

学生2：要同心同德，力往一处用，劲往一处使。

学生3：要向同一个目标前进。

学生4：它们不可能把行李运到目的地。

(3) 这个故事给我们什么启示？

学生1：我们要发挥集体的力量。

学生2：要正确发挥集体的力量。

学生3：要有共同的目标。

学生4：要有共同的目标，发挥集体的力量。

教师：(探讨仍在继续) 大家对这则寓言故事还有什么思考吗？大家了解天鹅、梭鱼、大虾的习性吗？天鹅体形优美，长颈，体坚实，脚大，在水中滑行时神态庄重，飞翔时长颈前伸，徐缓地扇动双翅。天鹅以头钻入水 (不是全身潜入浅水)，觅食水生物。梭鱼个性凶狠，极具侵袭性，爱联群出动，因其较大的体积和凶猛的外形而广为人知。梭鱼身体属长圆柱形，嘴巴尖，下巴阔大，头如梭，长有突出的犬状牙齿。大虾大家都知道的，我就不介绍了。

学生1：天鹅、梭鱼和大虾能拉动东西吗？

教师：天鹅、梭鱼和大虾不能拉动东西。

学生2：天鹅、梭鱼和大虾能形成合力吗？

教师：天鹅、梭鱼和大虾不能形成合力。

学生3：梭鱼、大虾离开水能活多久？

教师：梭鱼和大虾离开水能活的时间不长。

这一则寓言故事告诉我们：加强集体的团结合作，要有共同的目标并共同行动。

案例二：一节优秀的道德与法治课，不仅要有好的课堂导入、有趣的教学过程，而且要有一个画龙点睛的总结。在进行四年级上册"诚信是金"教学时，可以在总结时讲述《烽火戏诸侯》的故事，讲述周幽王为博美人一笑而戏耍群臣，等到真的大敌来犯时，没有一个人保护周幽王。随后进一步对学生提问："如果你是周幽王手下的诸侯，你发现周幽王是在骗你时，你下回还会带兵来救吗？"还可以让学生讲一讲他们知道哪些关于不讲诚信的故事，如学生会讲《狼来了》的故事，来说明不讲诚信的后果。教师还可以与学生共同探讨生活中看到的寓言故事分别蕴含什么道理，让学生在课堂上进行分享，从而更好地理解道德与法治课程中的内容。

4. 名言警句的开发

名言警句是文化智慧的沉淀，是人类在长期实践中积累的经验和教训的精华，对后世有着极其重要的指导和警示意义。在小学道德与法治课教学中，恰当地运用名言警句，有助于学生建立正确的世界观、人生观、价值观，正确处理生活、学习和成长中遇到的问题，培养积极向上的生活态度，传递社会的正能量，积极面对生活和成长的挑战。

名言警句通常用简洁明了的语言表达深刻的思考，具有启发和教育的功能。在小学道德与法治课上引用名言警句作为课程的开端，能够激发学生的学习热情，让学生从一开始就感受到震撼和启发。德国教育家第斯多惠说过："教学的艺术不在于传授技能，而在于激发、唤醒和鼓舞。"传统的教学方法可能无法达到这样的效果，因此教师需要不断引入新元素来营造和提升课堂氛围，给学生带来新鲜感，让他们对新知充满期待和渴望，持续激发学生的好奇心和求知欲。

【案例呈现】

在进行"我很诚实"教学时，可以设置"名言警句激励我"活动环节，通过诵读"诚信者，天下之结也。——管子""诚实是人生永远最美好的品格。——高尔基""诚实比一切智谋更好，而且它是智谋的基本条件。——康德""没有诚信，何来尊严？——西塞罗"，让学生明白，无论是古代还是现代，国家呼唤诚信，社会呼唤诚信。其实诚信无处不在。课后也可以给学生预留作业：通过网络查询或者阅读书刊，搜集关于诚信的名言警句。

（四）图片素材的开发

图片素材作为教学资源，在小学道德与法治课中扮演着重要角色。相较于文字资源的抽象性，图片资源能为学生提供更直观的感受。无论是唯美还是富含道理的图片，都能正面展示事物，或以漫画形式讽刺社会现象，营造轻松的课堂气氛，增强学生对知识的理解力。图片素材不仅能够培养学生的抽象和发散思维能力，还能够为学生提供视觉享受，带来身心愉悦和心灵震撼。在小学道德与法治课教学中，图片素材主要包括照片和漫画两种形式。

教材中的图片是现代教材的重要组成部分。教师应重视这些图片，并有效地结合图片开展教学活动，培养学生的自主学习意识。学生通过自主探索和思考，可以提高学习效率。首先，图片素材能够提高学生学习小学道德与法治的兴趣。学生对知识的认识往往源于外界刺激与内部沟通的结合，因此教师必须激发学生的主动性和积极性。其次，图片素材能够增强学生对社会知识的理解力。随着知识传播速度的加快，教师需要不断更新思想，引入新的教学元素。最后，图片素材能增加教学过程的科学性。教师需要精心准备课堂内容，充分利用时间，通过点评和实例来丰富课堂信息量，帮助学生更好地理解教材内容，提高学习兴趣。总之，图片素材在道德与法治课教学中发挥着不可替代的作用，它不仅能丰富教学内容，也能促进学生全面发展。

1. 照片素材的开发

照片是对人们真实生活的记录，能够直观再现拍照时的情境。在课堂教学中使用照片素材，能够迅速引起学生的注意，调动学生自主参与课堂的热情，营造一种积极活跃的课堂学习氛围。

【案例呈现】

案例一：在进行五年级下册"富起来到强起来"教学时，由于学生的年龄较小，社会阅历也较少，不能直接感受到新中国成立以来发生的巨大变化，于是我从衣、食、住、行四个方面引用了四组照片。

照片1：服饰由单一的颜色、款式到今天的五颜六色、各种款式。

照片2：饮食由土豆、白菜到如今的肉类、海鲜。

照片3：住房由土房到砖瓦房再到如今的高楼大厦。

照片4：出行由少量自行车到今天街上的车水马龙。

展示照片后提出问题："照片使人感受到什么？你愿意过哪种生活呢？"学生纷纷表示人们摆脱了苦日子，迎来了欣欣向荣的新生活。无须用太多的语言去描述如今新生活的美好，无须让学生绞尽脑汁去想象社会发生了怎样的变化，照片便直观形象地反映了人们生活水平的提高，以及社会的进步。在课前准备时，我预设学生会因城市的快节奏生活而愿意回到从前的闲适生活中，于是在课前把四组照片中的第一幅组合在一起，做成一张图片，一个栩栩如生的形象便展现在学生面前：在一个破旧的土房前，一个身穿黑色马褂，赶着一辆破马车，走在冒着烟的土路上的人。这样的画面与如今的生活形成强烈的反差，我于是追问："你还想回到从前吗？"学生看过哄堂大笑，表示真不想过那样的生活。这让他们感受到如今生活的优越，切身体会到改革开放后东方巨龙的腾飞。这样的设计，不仅能够引导学生理解本课内容，对改革开放后中国的变化有真切、生动的感受，还能够帮助学生理解随着改革开放的深入，改革创新成为时代的最强音，创新事物层出不穷，我们要努力描绘当代中国发展与进步的美好画卷。

案例二：对于小学生来说，教师向学生的大脑中填充些什么，学生就会慢慢成长为怎样的人，因此，在道德与法治课教学中，教师要合理、科学地筛选有用的、健康的教学素材。教师可以在教学中借助一些生活影像资料。例如，在进行四年级上册"少让父母为我操心"教学时，为了营造温馨、温暖的家庭氛围，教师可以让学生搜集一些自己童年时的照片，在相册中显示出一个个爸爸妈妈给予的精彩瞬间。又如，临出门时，妈妈给围上围巾；放学之后，爸爸在校门外等候；发烧时，爸爸妈妈守在床边；等等。这些被记录的父母为子女辛苦操劳的瞬间，以直观、生动的方式刺激着学生的回忆，由此帮助学生理解父母的辛劳，从而培养学生的感恩、孝顺之心。

2. 漫画素材的开发

漫画素材的开发在教学中具有独特的价值。漫画以幽默诙谐的方式呈现社会现象，通过夸张和比喻的手法引发读者思考。漫画的直观形象和趣味性特别符合小学生的认知特点，因而成为很多学科课程资源的重要组成部分。漫画创作不仅仅是为了娱乐，它还能深刻反映社会问题，启发读者。

在小学道德与法治课教学中，应紧密围绕教学目标，根据教材内容设计富有创意的漫画，以形象化的方式影响学生。小学道德与法治课教学强调培养学生的核心素养，因此，教师应将教学目的、概念、观念、价值观等融入漫画，通过漫画设计教学环节，引导学生围绕教学目标学习。

以下是漫画素材在教学中的三种主要应用方式。

第一，创设情境，导入新课。利用漫画创设特殊的教学情境，吸引学生注意力，为新课程的引入提供一个生动的起点。

第二，联系生活，突破重难点。漫画可以将抽象的道德与法治知识与学生的日常生活联系起来，帮助学生理解和突破学习中的难点。

第三，强化观点，引领价值导向。教师可通过精心选择或编制的漫画练习题，让学生在思考后归纳答题思路，以此来巩固所学原理，提高分析和解决问题的能力。

漫画的多样性使它可以以多种形式融入作业和讨论，除了书面作业，也可以是口头讨论，从而丰富教学内容，激发学生的兴趣。除了课本中的漫画，教师也可以适当收集其他优秀漫画资源，以增强教学效果。总之，漫画素材的合理运用能够有效提升道德与法治课的教学质量，使学生在轻松愉快的氛围中学习和成长。

【案例呈现】

一堂好的课不仅要妙趣横生，更要突出重点与难点。而在这个过程中，漫画就能以较强的直观性和示范性为学生知识点的学习提供有力帮助。例如，在进行六年级下册"应对自然灾害"教学时，为了让学生清楚地了解地震来临时的正确做法，我利用漫画《地震发生时您该这样做》进行直观的展示，让学生跟着漫画学习技巧，并模仿示范，当即学以致用。这样一来，课堂难点更易被理解和突破，学生对知识点的印象也更为深刻了。

（五）视频资源的开发

视频资源作为一种综合性的信息载体，集合了文字、声音、图像和动画，能够以多种形式刺激学生的感官，是实现蒙台梭利提出的多感官学习法的理想工具。通过播放视频，可以有效地调动学生的视觉、听觉等多种感官，创设丰富的教学情境，促进学生全面发展。

在教学中，视频资源的运用可以突出教学重点，克服学习难点，完成教学任务，实现教学目标。视频的动态和多感官特性使学生在观看时不是被动接受，而是主动参与，他们的眼睛、耳朵、心灵和大脑都在积极工作，甚至可以通过讨论和动手操作来加深理解。这种全方位的感官参与，能够激发学生的学习热情，提高学习效率，取得最佳的教学效果。

因此，教师在设计课程时，应考虑如何有效地整合视频资源，使其成为教学中不可或缺的一部分。例如，可以通过视频展示实验过程，讲述历史事件，或者演示艺术作品的创作过程，让学生在多感官的体验中更好地吸收知识，培养体能、认知、感官、音乐、语言、人格和社交等多方面的能力。总之，视频资源的合理利用，将极大地丰富教学内容，提升教学质量，帮助学生在愉悦的氛围中实现全面发展。

 【案例呈现】

案例一：在进行四年级上册"眼睛的'抗议书'"教学时，要引导学生感受眼睛是心灵的窗户，提高学生对保护眼睛重要性的认识。为了让课堂更加妙趣横生，我抛出疑问："如果有一天，当我们的眼睛不再这么清晰地看到美丽的世界，将是一种什么体验呢？"学生带着疑问观察清晰度不同的照片，观看视频《近视眼中的世界》，真切体验近视人群眼中不同的世界，感受近视的不便之处。随后，巧妙引出眼睛的"抗议书"，让学生一起找一找小眼睛在"抗议"小主人哪些做法，并让已经近视的同学和医生"现身说法"，提炼出时间长、习惯差、刺激强等有伤眼睛的做法。小组随后开展了一场关于"眼睛保卫战"的反思与策划。最后，校医走进课堂，不仅肯定了学生的护眼措施，还提出补充意见，让学生受益匪浅。

案例二：在进行六年级下册"闻名世界的文化遗产"教学时，为了更好地带领学生一起领略文化遗产的经典魅力，我以视频《博物馆演唱会》导入，由国宝鸮尊将学生带入三千年前的青铜时代，激发学生进一步了解文化遗产的愿望，进而让小组利用任务学习单共同探寻文明之源。在交流环节，学生用生动丰富的语言为大家介绍殷墟妇好墓玉龙、殷墟科技、殷墟礼制及甲骨文，探寻古人生活足迹及智慧。

（六）实物资源的开发

直观教学对于提升小学道德与法治课的教学质量至关重要。夸美纽斯的观点强调了通过观察和感官知觉来获取关于事物的真实、确切知识的重要性。实物作为教学资源，因其直观性和形象性，能够让学生近距离接触，通过视觉、触觉、嗅觉和味觉等多感官体验，使抽象概念具体化、深奥道理形象化、枯燥知识趣味化，从而激发学生的学习兴趣，培养学生的观察能力和思维能力，提高教学效率。生活中有很多真实情境可以触动学生的心灵，给学生带来丰富的情感刺激，让学生在学习中掌握更多的知识和道理。为此，教师可以试着将一些小巧、易携带的实物拿到课堂上，以带给学生真实、生动的视觉刺激。

 【案例呈现】

四年级下册"这些事我来做"部分涉及一些有趣的家务劳动情景，如饲养小羊、打扫屋子、洗碗等，我给学生展示了几个生活情景的实物"人偶道具"，以吸引学生的注意力；然后向学生抛出问题：大家想想还有什么家庭劳动情景呢？老师这里还有不少"人偶道具"，大家猜对一个老师展示一个，想不想看？这种结合道具和问题启发的方式，能有效构建生活化的教学情境，启发学生思考家庭成员应当担负的家庭责任。

在运用实物资源时，需要注意以下几点。

（1）课前准备。确保对每节课所需教具有充分的了解和准备，将教具有序摆放，对不易操作的教具进行课前演示，以保持课堂秩序。

（2）集中注意力。实物的使用应以促进学生的思维为目的，帮助他们掌握知识，而不是分散他们的注意力。教具的展示应恰到好处，展示后应立即收起。

（3）避免过场操作。实物的使用应创设教学情景，而不是简单展示。应将学生引入与实物相关的特定教学情景，以达到教学目的。

总之，实物资源的恰当运用可以极大地丰富道德与法治课堂教学，但应始终记住，实物教学是达成教学目标的手段，而非目的本身。

（七）著作和报刊资源的开发

1. 著作资源的开发

书籍作为知识和智慧的宝库，对于个人成长和教育发展来说具有不可估量的价值。正如培根所言，不同领域的书籍能够培养人的各种能力和品质。书籍不仅提供了科学文化知识，帮助人们摆脱愚昧和迷信，而且通过文学作品中的美好情感和基本准则（如正直、勇敢、忠诚和互助），丰富了人们的精神世界。

开展跨学科主题学习，强化课程协同育人功能是 2022 年版课标的一大亮点。作为关乎青少年健全人格形成、落实立德树人根本任务的重要组成部分，法治教育既是"跨学科教育"，又是"主题学习"。新课标背景下的法治教育要立足于道德与法治这一关键课程，强化各门课程的沟通互联，以跨学科主题学习的生动实践，综合强化学生的法治观念等核心素养。名著具有工具性与人文性双重属性，阅读名著有助于引领学生走进丰富的文本世界，提高文学审美和鉴赏能力，形成独特的阅读思维。

 【案例呈现】

在进行六年级上册法律专册教学时，我推荐学生阅读作家萧红的《呼兰河传》。《呼兰河传》描绘了作为童养媳的团圆媳妇的悲惨遭遇：12 岁的团圆媳妇在夫家为奴为婢，饱受肉体上和精神上的双重摧残。就此，我设计了驱动性问题：假如团圆媳妇生活在新中国，她的命运会有怎样的改变？该问题旨在引导学生了解新中国在保护未成年人健康成长等方面做出的法律保障，以及我国现行的倡导婚姻自由、男女平等的婚姻制度。这样的对比分析，有助于学生加深对封建社会"吃人"本质的理解，了解社会主义法治国家的优越性，坚定对中国特色社会主义法治道路的高度认同。

2. 报刊资源的开发

在小学生道德与法治教育中开发与利用报刊资源，可以起到极其重要的作用。报刊不仅提供了丰富的新闻和时事评论，而且能够反映和引导社会舆论，这对于培养学生的社会责任感和公民意识至关重要。

报刊资源的教育价值体现在三个方面：其一，信息的多样性，即报刊内容丰富多彩，能够帮助学生了解社会的多个方面，增广见闻；其二，时效性，即报刊能够及时反映当前发生的事件，使学生与时俱进，理解社会动态；其三，教育性，即通过精心挑选的新闻案例，可以教育学生识别正义与不义，培养良好的道德判断力。

教师在报刊资源的开发中应该注重四个方面：其一，筛选适宜内容，即选择与学生年龄相符、容易理解的新闻事件，避免复杂或不适宜的话题；其二，结合教学大纲，即挑选和道德与法治课程相关的新闻，使学生能够将理论知识与实际情况相结合；其三，设计互动活动，即通过讨论、角色扮演等方式，让学生深入分析新闻事件，培养批判性思维；其四，引导反思与讨论，即鼓励学生就新闻事件表达自己的看法，进行道德与法治的探讨。

（八）社区和地域文化资源的开发

社区和地域文化资源的开发与利用，对于学生的思想道德建设具有重要意义。在这个开放的时代，学校教育与社会教育应充分结合，共同促进学生的全面发展。社区环境作为学生直接接触的社会氛围，能够生动地反映社会信息，对学生产生深远的影响。

社区提供了丰富的教育资源，包括科技馆、博物馆、图书馆、纪念馆及各种工厂和组织。教师可以通过调查，建立资源网络，与这些单位建立联系，将课堂延伸至校外，丰富学生的学习体验。

社区资源的利用不仅限于物质设施，还包括家庭和社会中的各种资源。通过与家长和社区建立密切联系，可以形成教育合力，能增强教育效果。根据社区的特点和条件，可以开展多样化的教育活动，如邀请退休人员做讲座、与科研机构合作、开展军民联谊活动、建立教育活动基地等。

 【案例呈现】

在进行三年级下册"请到我的家乡来"教学时，我根据三年级学生生活空间逐步从家庭和学校扩展到家乡的学习特点，设置"我的家乡在哪里""我是家乡小导游""家乡的特产真不少""我的家乡人"四个板块，旨在引导学生运用简单的地图知识，了解自己的家乡所在省级行政区的位置、家乡的自然环境和物产情况及家乡人的特点，感知家乡人的可爱，激发对家乡的热爱之情。

地方特色是最能唤起学生爱乡情怀的课程资源。安溪是名茶铁观音的故乡，茶文化已成为安溪教育教学的重要内容。作为茶乡教师，我在教学中，依据新课标精神，落实思政课立德树人的根本任务，立足生活实际，充分挖掘茶乡特色资源，将地方资源——安溪铁观音茶文化融入道德与法治教学，以家乡悠悠茶韵，激发学生绵绵桑梓情怀。

在教学"我的家乡在哪里"这一板块时，我设计了两个活动：猜家乡和找家乡。首先利用教材中的正文"你能根据下面的提示，猜出这几位同学的家乡在哪里吗？"让学生猜一猜图文中学生的家乡，并说说依据是什么，引导学生明确图文是与家乡相关的信息，具有独特性、专属性，既可以是风景名胜、标志物，也可以是家乡的方言、歌曲、民谣等。然后引出主持人的问题："你能出一道这样的题目，让大家猜出你的家乡在哪里吗？"对于茶乡的孩子来说，与家乡有关的专属符号，无疑是有关茶的各种家乡信息。因此抛出问题后，学生的思维被激发，纷纷发言："我的家乡有漫山遍野的茶树""名茶铁观音是我家乡的名片"。有的学生用闽南方言唱起了茶谣："凤凰山，出观音，南山头，土变金，万亩茶园在云顶，任你采来任你品"。随后，通过课件展示中国行政区，引导学生想象中国行政区轮廓像什么，再指导学生学习读地图的相关知识，了解地图的方向、图例和比例尺。接着让学生找到福建省并画出轮廓，在对福建省有了空间感受之后，利用课件放大地图，进一步找到家乡安溪区划图，继而找一找安溪主产茶的乡镇。如此以"茶"为媒，通过信息交流，观察拓展，链接乡情，让学生对家乡有明晰的地理空间概念，初步建立对家乡的归属感。

总之，社区和地域文化资源是教育中的宝贵财富，能够为学生提供丰富的学习材料和实践机会。教师应充分利用这些资源，为学生创造有意义的学习体验，帮助学生在实践中学习道德与法治知识。

三、以活动为载体的课程资源开发

"活动"这一概念，起源于拉丁语"act"，意为"行动"。古希腊哲学家亚里士多德最早提出这一概念。在小学道德与法治课上，活动被视为主体与客观世界互动的过程，是人类为了满足需求而有目的地对世界产生影响的行为。

德国教育家第斯多惠指出："发展和培养不是被赋予或传递的，而是通过个人的内在活动和努力来实现的。"学生的主体活动是其认知、情感和行为发展的根本，无论是思维、智力、技能的发展，还是情感、态度、价值观的形成，都是通过主体与客体的互动来完成的，而这一互动的媒介就是学生参与的各种活动。

《荀子·儒效》中提到："不闻不若闻之，闻之不若见之，见之不若知之，知之不若行之。学至于行之而止矣。"这表明了听、看、做的重要性，以及通过实践来达到学习的最高境界。

活动教学法认为，教学是一个充满活力的实践过程。在教学中，应根据需要适时、适地、适度地开展各类活动，如实地考察、调查研究、资料搜索、设计创作、实验验证、社区服务、劳动实践、文学创作、旅行观察、野外探索、言语交流、艺术表演、社交互动等，鼓励学生走出教室，接触自然和社会，积极构建一个开放、体验式的现代教学体系。

开展多样化的校园活动，不仅能满足学生的成长需求，也能体现现代教育理念。在多样化的校园活动中，学生或作为直接参与者，负责策划、组织、表演、引导；或作为间接参与者，进行观赏和支持。不同的角色让他们从不同的视角审视活动，发挥自己的长处，为活动增添力量。

托尔斯泰说："教学的艺术不在于传授技能，而在于激发、唤醒和鼓励。"将各种活动转化为课程资源，可以提升学生的理解力、想象力和创造力，在思维的碰撞中唤醒创新思维和意识，培养创造力，激发创新热情。

（一）校内活动资源的开发

苏联教育家苏霍姆林斯基提出："人的精神生活的广度，是在主动的活动中塑造、成长并满足其道德、智力、审美的需求和兴趣。"校园文化活动旨在丰富学生的精神世界，提高他们的精神生活质量，从而满足学生全面和个性化发展的需求。这些活动能激发学生的潜能，让每名学生的独特才能得以发挥。

1. 主题活动资源的开发

学校的德育工作致力于提高学生的思想道德素养。道德与法治课程的核心是培养学生的良好品格，与德育目标一致。因此，在设计教学时，教师可以结合单元主题，整合学校优质的德育资源开展活动。

【案例呈现】

在进行五年级上册"百年追梦 复兴中华"教学时，教师可以组织革命主题活动，引导学生参观展览，学习党史，了解英雄的事迹。同时，教师可以鼓励学生收集革命烈士的故事，在班级中与同学分享，体会民族英雄的不屈斗志，树立坚定的爱国之心。

将道德与法治课程与德育相融合，不仅能营造轻松愉快的课堂氛围，还能让学生在日常生活中感受知识的力量，认识成长的价值，从而更有效地实现教学目标。

2. 游戏活动资源的开发

随着"五育"融合理念的推进，小学道德与法治课程正面临新的发展方向，其中包括教学内容和方法的变革。在新时代的教学目标指导下，教学内容变得更加兼容并富有生活气息。所谓兼容性，意味着教学不局限于教科书的内容。在日常教学中，教师致力于扩展教材内容，结合生活案例，将课外资源与课内资源相结合。考虑到小学生年龄较小，面对书面化、文字化的内容时可能会感到困难，教师可以采用多样的教学策略，并在每个教学环节中坚持"五育"融合的理念。

3. 课堂情景剧的开发

当教室变成一个小型剧场，学生变身为演员，道德规范和法律条文穿上生动形象的"外衣"，我们就会发现，知识的传递可以如此幽默风趣、充满魅力。想象一下，学生不再是被动的知识接受者，而是化身为故事中的人物——或许是挑战不公的正义使者，或许是破解谜案的智慧律师。他们穿梭于剧情，体验着每个角色的情感与冲突。对他们而言，这不仅是一场演技的较量，更是一次心智的成长。那么，为什么学生会热衷于这样的角色扮演呢？首先，这种互动性与参与感强烈的学习方式犹如一股清新的空气，吹散了传统课堂的沉闷。学生不再是坐在座位上一动不动的听众，而是舞台上自由活动的表演者。每个人都成为故事的一部分，每个动作和每句台词都可能改变剧情的发展，这样身临其境的体验让知识更加深刻地印在脑海中。其次，情景剧以其生动的形象让抽象的法律概念变得触手可及。例如，将"合同违约"这一法律术语转化为一名顾客与商人之间的小争执；或者把"知识产权保护"具象化为发明家与盗版者之间的故事，让学生在笑声中学会法律，于趣味中领悟道德。此外，情景剧是一个培养综合技能的大熔炉。从剧本创作到角色分配，从道具准备到台前演出，每个步骤都在锻炼学生的各项能力。想要演好一个角色，不仅需要良好的表达能力，而且需要有团队合作精神和丰富的创造力。

 【案例呈现】

在进行五年级上册"学会沟通交流"教学时，学生自行编写、导演并表演了名为《沟通》的情景剧。随着剧情的发展，学生认识到有效的沟通不仅能够解决与父母的矛盾，还能够促进家庭关系和谐。课堂气氛活跃，教学成效显著。

4. 音乐活动的开发

孔子说："移风易俗，莫善于乐。"这句话深刻指出了音乐艺术中所蕴含的思想品德教育功能，它能够以一种潜移默化的方式，传递出正确、丰富和生动的思想品德教育信息，让学生在不知不觉中接受世界观、人生观、价值观的教育。苏联教育家苏霍姆林斯基强调："在塑造青少年心灵的手段中，音乐具有特殊的重要性，它是思维力量的重要来源。"因此，健康而美妙的音乐不仅能磨炼性情，促进思维和智力的发展，而且能帮助学生树立正确的道德和法治观念，以及正确的世界观、人生观、价值观，对青少年的全面健康发展至关重要。音乐作为一种信息，广泛存在于录音、录像等媒体中，适用性较强。因此，将音乐和思想品德教育有机结合起来，是十分必要的。在道德与法治课堂上，有效运用音乐能给教学提供很大的便利，如可以利用音乐创设良好的教学情境，活跃学生思维，增强教学内容的吸引力和感染力，增强教学效果。音乐和思想品德二者的有机结合，能够使道德与法治课堂更加精彩。

 【案例呈现】

在进行一年级上册"我是小学生啦"教学时，我在课堂上播放歌曲《上学歌》："太阳当空照，花儿对我笑，小鸟说早早早，你为什么背上小书包。我去上学校，天天不迟到，爱学习爱劳动，长大要为人民立功劳。"用音乐导入新课，创设教学情境，形式新颖，能迅速吸引学生的注意力；同时具有较强的感染力，能给学生耳目一新的感觉，激发学生的学习兴趣，使学生在较短的时间内以最佳状态进入角色，产生先声夺人的效果。

苏霍姆林斯基指出："如果教师不想办法使学生产生情绪高昂和智力振奋的内心状态，就急于传授知识，那么这种知识只能使人产生冷漠的态度，而使不动感情的脑力劳动带来疲劳。"悬念是教师根据道德与法治课程内容的需要故意设置的疑问，给学生制造悬念，引发学生追根溯源的心理，从而调动学生学习的兴趣，使课堂气氛更加活跃。道德与法治课程的理论一般比较抽象、枯燥，运用音乐进行渲染，创设激烈的矛盾冲突情境，能够使学生在学习过程中始终保持兴奋，在振奋愉悦的情境中接受知识，慎思明辨，从而达到训练学生融会贯通地运用知识的能力。

【案例呈现】

在进行三年级下册"温暖的家"教学时，我先诠释"家"的含义：家是一叶扁舟，载着你从童年的梦走向成功的舞台；家是一幢小房，在风雨中给你一个安全的避风港；家是一首动人的歌曲，演奏着锅碗瓢盆的交响乐。在这个温馨的家里，爸爸妈妈绞尽脑汁为你起一个好听且富有意蕴的名字，你知道自己名字所隐含的寓意吗？学生兴趣高涨，跃跃欲试。我让学生自己介绍和听别人介绍名字所蕴含的深刻含义，从而让学生深深地感受到父母及家人对自己的爱，感受到父母是多么希望自己能健康成长、有所作为。此时，播放歌曲《让爱天天住我家》："让爱天天住你家，让爱天天住我家，不分日夜秋冬春夏，全心全意爱我们的家。让爱天天住你家，让爱天天住我家，充满快乐拥有平安，让爱永远住我们的家。"这首歌曲优美的旋律、富有哲理的歌词，足以使学生敞开心扉，重新对自己及自己的家展开新的认识，收到了一般讲解难以达到的教学效果。在这个良好的氛围中，我趁机导入新课："一个个美妙动听的名字，寄予了家人多少祝福，多少深沉的爱，从我们出生的那一刻起，就被家人的爱所包围。那么，你认为家是什么？怎样让爱永住我家呢？现在就让我们一起走进文本，再一次感受家庭的温馨，感受父母对自己的呵护，感受自己与父母亲密无间的亲情。"

5. 节日教育活动的开发

传统节日承载着中华民族的精神和情感，是民族文化和思想的精髓，也是国家统一、民族团结和社会和谐的精神纽带，还是社会主义核心价值观的重要传播媒介。节日文化中蕴含的教育内容和价值巨大，充分利用节日的教育价值开展有效的活动，并与家长共同营造节日教育氛围，对于学生情感、态度、认知、行为和能力的发展，以及传承中华优秀传统文化具有重要意义。

【案例呈现】

以中秋节为例，教师可以利用多媒体设备和各种现实资源，开展情境感知活动。例如，教师首先可以在多媒体课件中播放我国各地区人们为中秋节举办的各类风俗活动的视频，如赏月活动、猜灯谜活动、做月饼活动、赏桂花活动、湖光燃灯活动、浙江观潮活动、江苏烧斗香活动、香港舞火龙活动、各地宴饮活动等，让学生在直观生动的沉浸式环境中感受中秋节喜庆祥和的气氛。然后，教师可以让学生阅读相关资料来了解中秋节的起源、历史演变和民俗发展。接着，拿出课前准备的一些柚子、橘子、南瓜等材料，引导学生制作各种花灯，并组织猜灯谜活动。通过解答灯谜，学生可以更深入地理解中秋节的文化和"仲秋"的含义。同时，教师可以简要介绍中国传统节日的文化内涵，增强学生对民族文化的认同，培养他们对中华优秀传统文化的热爱，强化文化传承意识。这样的活动不仅能丰富学生的学习体验，而且有助于他们在实践中学习沟通技巧，理解家庭和社会关系的重要性。

6. 校园安全教育活动的开展

"安全重于泰山"是社会各界的共识，学校安全教育亦是如此。学生是家庭的希望和国家的未来，在当今社会治安环境日益复杂的背景下，学校进行安全教育并开展相关活动显得尤为重要。各学校应以学生为中心，保护学生的生命安全，开展多种形式的安全教育活动。通过这些活动，学生能学会自我保护的技巧，培养自我保护的能力，学会识别并远离潜在危险，增强安全意识，同时增进对国家安全的认识。将这些校园安全活动转化为课程资源，可以最大限度地利用学生在安全教育活动中的学习成果和体验。

 【案例呈现】

案例一：在进行二年级下册"安全地玩"教学时，我以一则当地乡镇真实的新闻引入，结合学生当下生活中的典型事例（既有身边游戏的场景，也有外出游玩的场景），让学生在具体情景中强化"安全地玩"的意识，掌握安全知识。最后，让学生学习分辨安全提示牌，并自己动手制作安全提示牌。如此找准学生的"已知点"和"困难点"设计教学活动，可以使课堂内容不局限于课本，而是结合校园安全教育活动，延伸课后的实践活动，让道德与法治学科有温度、有高度、有广度。

案例二：在进行五年级上册"国家安全是头等大事"教学时，我首先从中国发展历史引入，以海洋安全为主线，引导学生逐步认识国家安全的内涵与重要性；其次通过朗读习近平总书记的相关重要论述，让学生理解与感知总体国家安全观的核心要义，明白坚持总体国家安全观的重要性；再次进行"维护国家安全八不要"课堂自测，使学生将维护国家安全落实到自己的生活日常，层层递进地加深对国家安全的认识，从而自觉树立总体国家安全观，为维护国家安全作出自己的贡献。最后，通过宣誓的形式，在学生心中再次激起对维护国家安全的认同感与责任感，明白国家安全无小事，人人都有责，人人须尽责。

7. 劳动教育活动的开发

劳动教育作为"五育"融合的重要组成部分，是强化小学生劳动技能、培养小学生劳动意识、提升小学生综合能力的主要渠道。基于小学道德与法治课堂，学生将明晰"劳动最光荣"，立志成为一个热爱劳动的人。在日常教学活动中，教师应紧扣劳动教育的培养方法，将劳动教育要素融入目标设计、教学内容、教学评价等多个教学环节。

 【案例呈现】

在进行四年级下册"我们的衣食之源"教学时，我拟定了一个实践任务。根据任务要求，学生将以小组为单位种植小番茄。小番茄的生长经历几个时期？在种植小番茄时应该注意什么？这些问题需要学生在种植探索后回答。接下来，各小组依次种植小番茄并写好种植笔记。通过具体的种植体验，大部分学生能够感受劳动的内涵。在活动的最后，教师围绕学生写好的观察笔记策划了一场"番茄种植交流会"。凭借有来有往的生生互动，学生逐步形成了"劳动最光荣"的理念。

（二）校外活动资源的开发

《基础教育课程改革纲要（试行）》强调，新课程的培养目标应反映时代的需求。学生应具备爱国主义和集体主义精神，热爱社会主义，并继承和发扬中华民族的优秀传统与革命传统；应具有社会主义民主法治意识，遵守国家法律和社会公德。在新时代，要将实践活动视为培养学生能力，教育学生学会生存生活、做事做人，以及促进学生主动适应社会的基本途径，充分凸显开展课外活动的重要性。实现这些目标不仅依赖学校教育，还需要家庭和社会的共同努力，以培养合格的社会主义现代化建设者。

1. 学校组织校外活动资源的开发

学校承担着培养具备全面素质的新一代人才的重要使命，站在教育改革的前沿。首先，学校应调整课程结构，不仅关注校内资源的利用，还要拓宽学生的学习范围，改变教学内容的结构。其次，学校要专注于校外活动的设计，结合教学内容、学生发展需求和社会热点问题，组织各种社会实践活动，使之成为学校教学的特色和亮点。这些活动不仅能够丰富学生的学习经历，还能够帮助他们将课堂知识与现实世界联系起来，为他们未来适应社会和个人发展奠定坚实的基础。

 【案例呈现】

在进行二年级上册"我们生活的地方"教学时，我带领学生到德育实践基地研学。在解说员的带领下，学生参观了陈维信艺术馆，走近名家、了解名家，在艺术审美和艺术鉴赏的道路上迈出新的一步，同时增强了热爱家乡的自豪感。在农耕民俗博物馆，学生从不同角度了解了家乡的发展史，掌握了家乡发生的变化，从而对家乡有了更深刻的认识，增强了守护家乡的意识。

2. 家庭活动资源的开发

习近平总书记说："家庭是社会的基本细胞，是人生的第一所学校。不论时代发生多大变化，不论生活格局发生多大变化，我们都要重视家庭建设，注重家庭、注重家教、注重家风，紧密结合培育和弘扬社会主义核心价值观，发扬光大中华民族传统家庭美德，促进家庭和睦，促进亲人相亲相爱，促进下一代健康成长，促进老年人老有所养，使千千万万个家庭成为国家发展、民族进步、社会和谐的重要基点。"① 家庭不仅是社会的基本单元，也是个人学习和成长的第一环境。在中国，"421"家庭结构（即四个老人、一对夫妻、一个孩子组成的家庭结构）十分普遍，这使家长对孩子的教育和成长给予了更多的关注和期望。家庭环境对孩子影响深远，因此家长应努力为孩子创造最佳条件，满足他们成长过程中的合理需求。

家庭活动，无论是内部庆祝还是与其他家庭共同参与的活动，都能极大地开阔孩子的视野，增强他们的社交能力，并促进亲子关系。同时，这些活动不仅能增进家庭成员之间的关系，也能培养孩子的责任感和合作精神。

将家庭活动转化为课程资源，意味着将孩子在家庭中的学习、情感体验和道德实践带入课堂。这样的整合可以形成学校教育和家庭教育的协同效应，不仅能促进学生全面能力的发展，还能使学习过程更加愉快，共同促进学生健康成长。

---

① 习近平. 在 2015 年春节团拜会上的讲话 [N]. 人民日报，2015-02-18 (2).

【案例呈现】

在进行一年级下册"干点家务活"教学时，我在"做点家务好处多"的教学环节，精选家长提供的小视频，如悠悠扫街的收获、千千第一次洗碗、元宝帮外婆择菜等案例，引导学生探究做家务的好处，了解家务劳动的意义；在"大家都来做家务"教学环节，我通过涵涵家长提交的涵涵与家人一起大扫除的视频，引导学生体会做家务是一件开心的事，从而让学生积极参与家务劳动。这样，将课堂教育与家庭教育之间的渠道打通，并进行资源整合，形成家校一体的课堂，使学生在情境教学中掌握更多的知识点，从而实现道德与法治课程的教学目标。

3. 社会活动资源的开发

陶行知先生指出："生活即教育，社会即学校。"这句话强调了社会对于培养合格公民和适应现代化社会的综合性人才的重要性。社会实践活动能够引导学生走出课堂，深入社会进行实际操作和体验，这种直接的体验可以促使学生进行更深入的思考。

由于小学生天性活泼好动，因此社会实践活动能够为他们提供一个超越传统课堂的学习平台，提升学生的参与度和主动性。教师应当结合教育主题，积极利用社会资源，设计出科学可行的社会实践活动，以促进学生素质的全面发展。

通过参与社会活动，学生不仅能够锻炼身体，还能够发展自己的兴趣和特长，培养集体意识和克服困难的精神，同时培养责任感和奉献精神。这样的教育方式不仅能让学生更加了解和认识社会，还能培养他们对社会的关心、对国家发展的关注，以及强烈的社会责任感和爱国热情。

 【案例呈现】

在进行四年级下册"我们当地的风俗"教学时，我提前在互联网上查询了相关的教育资源，并制作了以当地风俗为主题的视频课件，在课堂中为学生播放。观看视频后，我询问学生在生活中是否亲眼见过或体验过这类风俗活动，并让体验过的学生分享当时的心情及当时都做了什么。在学生对当地风俗有基础了解以后，我将学生分成不同的学习小组，并告知学生接下来会离开校园进行一次随机采访活动。活动中，每个小组要找到五名采访对象，围绕当地风俗这一主题完成人物采访。我让学生先在小组内讨论完成角色分工，并初步定下采访流程。接下来，带领学生走出教室，来到学校附近的一条老街，要求学生在规定的范围内随机采访路人，并做好访谈记录。回到课堂后，我让学生根据访谈记录及本课所学的知识，撰写一篇"风俗调研"报告，作为本次活动的总结。

四、信息资源开发

信息虽然普遍存在，但并非所有信息都可以称为资源。只有那些经过加工处理、满足特定条件的信息才能被称为资源。信息资源分为狭义和广义两种：狭义的信息资源是指经加工处理后对决策有用的数据；广义的信息资源是指信息活动中各种要素的总称，包括信息、信息技术、设备、资金和人力等。在课程资源开发与利用中，我们主要讨论狭义的信息资源。

随着现代信息技术的飞速发展，互联网已成为重要的信息传播渠道。与传统信息资源相比，网络信息资源具有多样化形式、大容量存储、内容动态化、开放共享、智能交互和信息价值差异性等特点。通过充分开发网络信息资源，可以最大限度地发挥信息的效用，实现信息的价值。[①]

在道德与法治课教学中，可以利用网络资源来丰富教学内容，解决教材滞后问题，增强教学实效性。教师可以通过获取素材性资源、利用多媒体资源、指导学生分层学习和个别化学习、推进网上工程等方式，充分发挥网络资源的作用。在利用网络资源时，教师需要注意信息传播的导向性，培养学生搜集、处理、运用信息的能力，结合现代教育技术和影视资源进行教学，以取得最佳的教学效果。通过充分利用各种信息资源，可以丰富道德与法治课程的教学资源，提升学生的综合素质和创新能力。

（一）校内信息资源的开发

1. 学校网站信息资源的开发

学校网站是学校在教育理念和理论指导下提供教学、科研和综合信息服务的网络平台，也是向外界展示学校办学理念、特色和成果的窗口。将学校网站的信息资源开发为课程资源，可以帮助学生更深入地了解学校历史，获取更多

---

① 朱宁贤. 网络教育资源开发与利用的思考［J］. 科技信息（科学教研），2008（6）：187.

的校园信息，同时培养学生关注学校发展的意识，增强其对学校的归属感。例如，安溪县第二十小学的官方网站内容丰富多样，包括学生天地、德育园地、教学考研、党建之窗、宏志风采等多方面内容。在教学过程中，可以充分挖掘学校网站资源，增强教学效果。

（1）以案说法，实现教学目标。案例教学在法治教育中得到广泛应用，通过案例可以引导学生从法治角度分析生活中的事情，增强法治意识，培养法治思维，弘扬法治精神。在网络上可以找到大量与法治相关的案例，但哪些案例适合课堂教学，哪些案例能够让小学生易于理解，是一个需要明确的关键问题。教师在这个过程中扮演着"改造者"的角色，要根据教学目标和课程需求，以通俗易懂的语言解释法律条文、分析案情、讲述道理。通过案例分析，可以在解决问题的过程中实现教学目标，同时促进学生法治思维的发展。

（2）价值取向，引领价值辨析。法治教育的最终目标是使学生建立法治信仰，而建立法治信仰需要学生内心深处对价值观念的认同。当今社会充斥着各种价值观念，许多不良社会现象和诱惑通过网络传播，并影响着学生。因此，在教育过程中，帮助学生坚持正确的价值取向，选择积极的法治资源至关重要。例如，在进行六年级上册"公民的基本权利和义务"教学时，可引入"网络暴力是否构成犯罪"案例，引发学生对案例的价值观进行辨析。通过案例分析，学生可以意识到言论自由和侵犯他人权利之间的区别，加深对公民基本权利和义务的理解。教师再通过引导学生理解宪法规定，展示法治价值的重要性，培养学生正确的价值观念，引领价值辨析。

 【案例呈现】

案例一：结合学校特色开发素材资源。小学道德与法治课教师在进行素材资源开发时，要注意结合学校自身特色，这样开发出来的素材资源适用性更强，也能获得更好的教学效果。每个学校都有自身的特色，也就是资源优势，那些建校历史比较长的学校更是如此。教师在进行素材资源开发过程中，要深挖学校的文化底蕴，紧密联系学校的文化特色，引导全校的教师、学生都参与素材资源开发。以我所在学校为例，最大的特色就是学校的"织梦"文化，在进行道德与法治课程素材资源开发时，可以结合这一特色，深挖学校的"织梦"文化，将其融入道德与法治课程教学过程。例如，在讲解"同学相伴"时，教师可以引导学生回想学校组织的各种让学生感受"美善"文化的集体活动，让学生对学校的"美善"文化有更加深入的了解，也让其认识到"同学相伴"的快乐和美好。

案例二：充分运用学校资源，利用信息技术授课。例如，在进行五年级下册"弘扬优秀家风"教学时，我运用信息技术开展此部分内容的授课，并在此过程中，充分与学生进行互动，让他们更为直观地掌握此部分内容，促进他们学习能力的提升。在具体教学过程中，我注重以下几点：第一，展示多媒体内容。运用多媒体展示此部分内容，并在此基础上，展示《曾国藩家训》，让学生从更为全面的角度了解曾国藩、认识曾国藩，进而真正了解家训、家风对一个人的成长、对一个家族的发展的重要性。第二，开展生活化交流。在展示上述内容后，我鼓励学生从实际生活的角度进行交流。第三，适时引导思考。我走入学生中，结合他们的表达，进行针对性指导，让学生的思考更具方向性，帮助他们树立正确的价值观。第四，展示思考成果。在大部分学生讨论结束后，我邀请学生分享思考成果。小然积极地举手说："通过对《曾国藩家训》的学习，我联想到父母常常教导我要感恩。在日常生活中，我会积极帮助那些帮助过我的人。通过谨遵母亲'感恩'的训诫，我真正交到了很多好朋友。"我通过运用多媒体教学法，生动展示了感恩的内涵，并在此基础上，引导学生构建个人认知与家训的连接，真正提升了学生分析问题的能力。

案例三：立足校本，挖掘法治教育资源的闪光点。每个学生都是一个独立的个体，每所学校的校情各有不同，所处的社区环境不一样，学生的情况不一样，法治教育内容也会有所差异。法治理念的形成是一个动态生成的过程，不能单一地靠知识传授。因此，我们在处理教材、挖掘法治教育资源时，一切应立足校本，进行学校内部环境（包括学生、教师、办学条件等）与外部环境（学校周边地理环境、自然环境）的分析。对学校内外环境的分析越客观、越准确，对教学背景的把握就越准确，从而有效利用校内外资源，为整合法治教材内容打下坚实的基础。例如，三年级下册"说说我们的社区""画画我们成长的地方"两个单元都与学生的生活环境息息相关，学生可以在观察、了解自己的生活环境中获取知识与技能，明确社区环境、设施与人们生活的联系，从而培养关心、爱护自己社区的态度和热爱自己家乡的情感，养成乐于为社区建设付出自己劳动的理念。

2. 学校图书馆信息资源的开发

图书馆被视为人类文化的宝库，保存着丰富的精神和文化财富，是人们继续学习、自我教育和终身学习的重要场所，承担着重要的教育功能。它既是现代科学信息的传播场所，系统地整理和传递各种信息资源；也是提供文化娱乐的场所，满足社会对文化娱乐的需求。随着越来越多的图书馆免费开放，人们可以更方便地进出图书馆，查找所需的信息资源，享受图书馆提供的文化盛宴。

对于安溪县第二十小学的图书馆而言，其藏书种类齐全，涉及天文、地理等多个领域，总藏书量超过 10 万册。然而，重要的不仅是藏书的多少，更关键的是如何充分利用这些资源，让图书馆的信息服务于教学。为此，学校开展了一系列活动，如"藏书净土，浸润书香""书香文化，处处流芳"，以及"悦读书、越成长"系列读书活动表彰大会等。这些活动使学校图书馆成为提升学生文化素养、凝聚校园文化力量的重要平台。

将学校图书馆的信息资源开发成课程资源，可以通过优秀读物潜移默化地影响学生的思想境界；利用图书馆信息资源，让图书馆成为课堂教学的辅助阵地；通过开展读书活动，营造爱读书的氛围，提高学生学习科学文化知识的热情。

道德与法治课程资源开发绘本化即教师根据道德与法治课程教学目标与内容，挑选与教学主题相近的绘本资源，利用其中的文字与图画增强课堂教学效果。对于绘本资源的挑选，教师要从其品质到故事完整性、统一性再到教育性制定一定标准，要利用各种手段查阅有关资料，查找适合小学生年龄特点的绘本作为教学资源。

 【案例呈现】

以二年级上册教学为例，道德与法治课程可以开发的绘本资源为："假期有收获"课题可以使用绘本《快乐儿童的 7 个习惯》，该绘本主要培养学生合理安排时间的习惯；"团团圆圆过中秋"主题活动可以使用《圆圆的月亮》绘本资源，让学生充分感受圆圆的月亮给人们带来的温馨、和睦，借此了解中华传统节日，养成爱国爱家的优良品质；"我们小点声"主题教学可以使用《好安静的书》，让学生感受各种动物在不一样环境中对安静的表现，让学生知道保持安静是一种良好的生活习惯；等等。在现代社会环境中运用绘本资源，可以将绘本故事的讲解作为一个单独的教学环节，如在课堂导入环节展示绘本引出主题；或者在知识点讲解过程中引入绘本，点明主题。在进行"这些都是大家的"教学时，教师在教学过程中可以引入绘本故事《书本医生》，让学生想象一下如果自己是一本书，会有怎样的感觉；然后，让大家在班级中参与小组讨论，在熟悉教材的基础上，培养学生良好的道德品质意识，促使其健康成长。教师还可将绘本资源当作教学的补充与扩展。例如，在"家乡的新变化"主题教学中，教师可以在课堂中引入《小房子》绘本，引导学生进入故事情境，让学生在阅读过程中思考小房子有什么变化，再延伸到自己的家乡，看看最近都发生了什么新的变化，以此激发学生对家乡的热爱之情。

3. 学校电子显示屏信息资源的开发

随着社会和技术的发展，各种信息不断影响着人们的学习和生活，信息传播的快速和开放已经成为学校教育的必然需求。因此，电子显示屏逐渐进入校园，许多学校都在校园内设置了各种大小的屏幕，以丰富师生的校园生活。

 【案例呈现】

安溪县第二十小学为了满足师生的需求，在校园内的重要位置都布置了显示屏，如校门口的户外 LED 大屏、楼层走廊的信息发布屏、每个班级的活动展示屏等。利用电子显示屏，可以及时发布教师、班级和学校活动的信息及各种通知；可以宣传学校的办学理念和规章制度，树立学校形象，约束学生行为，培养学生良好的习惯；可以播放国家重要新闻和政策，让学生了解社会，适应社会发展；可以展示学生感兴趣的话题，丰富他们的文化生活。

安溪县第二十小学的电子显示屏内容丰富多彩，包括宣传传统节日（如重阳节和中秋节）、国家重大活动、与学生利益相关的政策、天气预报和食谱等信息，还包括一些丰富学生文化生活的内容。将校园电子显示屏作为课程资源开发，利用其带来的便捷、直观和生动的信息资源，可以丰富教学活动，激发学生的学习兴趣，为课堂注入新的活力。

（二）校外信息资源的开发

学生既是学校生活的重要组成部分，也是社会生活中不可或缺的一员。因此，除了让学生充分利用学校提供的各种信息资源，还应引导他们主动开发社会提供的各种信息资源，包括广播电视、网络媒体、图书、报纸、杂志等。这些信息资源中的许多内容可以为小学道德与法治教育提供支持，特别是互联网信息资源，具有信息丰富、更新速度快、易获取等特点，大大改变了教师的教学方式和学生的学习方式，也拓宽了学生获取知识的途径。将广播电视、互联网、图书、报纸、杂志等校外信息资源开发为课程资源，不仅可以丰富课堂教学内容，还能激发学生的学习积极性，以及学习道德与法治课程的热情。

1. 广播电视信息资源的开发

广播和电视节目已成为人们生活的一部分，它们为人们的生活增添了乐趣，也为人们提供了丰富的精神食粮。

一些优质的电视频道（如 CCTV－9 纪录频道、CCTV－4 中文国际频道、CCTV－12 社会与法频道、CCTV－13 新闻频道）及各大卫视播放的节目，如《百家讲坛》《人与自然》《动物世界》《焦点访谈》《我是演说家》《最强大脑》等，本身就是优质的教育资源。将它们与教材内容相互融合，并进行充分而适当的利用，不仅可以丰富课堂教学内容，而且可以以学生喜欢的形式传授知识，激发学生对道德与法治课程的兴趣，让学生真正感受到道德与法治课程并不是枯燥无味的理论灌输课，而是与现实生活密切相关且妙趣横生的课程。这种方式能改变学生对道德与法治课程的传统看法，增强道德与法治课教学的实效性。

【案例呈现】

每当过端午节的时候，教师就可以播放有关端午节的影视资料，告诉学生端午节的由来，让学生了解端午节是中华民族的传统节日，是纪念楚国大夫屈原的节日。屈原是一位心系国家安危的诗人，不忍看着自己的国家被别国侵略，最终投河身亡。端午节有吃粽子、赛龙舟、喝雄黄酒等习俗。通过广播电视信息资源开发等方式，可以让学生全面地了解我国的文化习俗，激发学生的爱国主义情怀，增强学生的民族自豪感。

2. 互联网信息资源的开发

技术的不断进步推动着人类创造新的世界。互联网作为改变世界的重要力量，正在全球范围内引发深刻的变革，影响着人类的各个层面。因此，对互联网信息资源进行充分开发，不仅符合新课程改革的理念，也有助于学生的全面发展。

在小学道德与法治课教学中，充分开发互联网信息资源，意味着教会学生如何获取网络信息，帮助他们了解不同类别信息的内涵和作用；还要让学生了解通过网络获取资源的利与弊，引导他们正确利用信息，学会辨识、判断和筛选信息。

【案例呈现】

案例一：在进行六年级上册"公民意味着什么"教学时，教师可以引入网络视频《辉煌中国》中的撤侨片段，通过一帧帧震撼和感人的画面，让学生感受到祖国的强大和对公民人权的保障，学生强烈的爱国情和报国志也油然而生。在进行六年级上册法治专册教学时，教师可以选择《今日说法》中的某个案例，将案例与本节课的知识点相结合，并让学生观看视频，对视频中的案例进行讨论，从而树立正确的法律意识，在实现教学目标的同时落实核心素养教学要求。

案例二：在进行六年级上册"公民的基本权利和义务"教学时，我引用了"网络暴力是否构成犯罪"的案例，学生对此案件有不同的观点：有的学生认为这样的行为并不文明，但上升到犯罪未免有些小题大做，只是发发文字、语音，又没有使他人身体、利益受到损失，不构成犯罪；有的学生认为网络暴力是一种危害严重、影响恶劣的暴力形式，会给他人的心理造成巨大伤害，对网络氛围也会造成不良影响。本课引入的案例涉及公民的言论自由、侵犯名誉权等。对此，我积极帮助学生理解公民基本权利和义务，引导学生树立权利和义务相一致的理念，认识到公民既可享受权利，也需要履行义务。最后，呈现《中华人民共和国宪法》第三十八条，得出结论：禁止用任何方法对公民进行侮辱、诽谤和诬告陷害，公民虽享有言论自由的权利，但要注意权利的界限，在行使权利的时候，不能滥用权利。

3. 社交软件资源的开发

随着智能手机的普及，QQ、微博、微信等社交软件已成为学校、教师、学生和家长发布、接收和传递信息的重要平台。将这些社交软件资源充分开发和应用到道德与法治教学，有助于改变传统的教学手段和方式，使教学更符合现代化需求，能够提高教学水平。

以微信为例，它将人与人之间的距离真实地缩减到指尖触摸屏幕的距离。相关数据显示，截至2024年5月，微信国内用户已经接近14亿人，已经成为移动端用户社交的首选工具。作为一款社交软件，微信的发展及给人们生活带来的巨大改变都可以被开发为课程资源。信息化的快速发展为教育教学改革提供了新途径，微信与教学相结合，既是时代的产物，也是教育发展的需要。将微信应用于教学，能使教学方式更加灵活、教学内容更加丰富，也可以使学习的时间和地点更加自由，这些改变都可以为教学质量的提升添砖加瓦。

【案例呈现】

在进行六年级上册"公民的基本权利和义务"教学时，我先给每名学生发放了《关于"我和微信"》的调查问卷，再根据调查问卷反馈所得的结果，引导学生交流使用微信的便利和困惑，以及必须遵守的原则；然后从微信给人们生活带来的一些影响入手，通过分析具体事例让学生明白，虚拟世界也好，现实世界也罢，个人的言行必须有所约束，做到行使权利和履行义务相统一。最后让学生编写《朋友圈文明礼仪规范》。有名同学编了一首《转帖七言诗》：

见到微信莫急转，先明是非辨真假；

要发积极利人己，莫贴诅咒坑众家。

寻人寻物尽力转，广告造假远离它；

新闻公告需判断，网络安全靠大家。

整堂课都围绕着"微信"这一社交媒体展开，不仅使学生了解了权利和义务之间的关系，而且让他们具体了解了在微信社交圈中应该做什么、不应该做什么，这对于指导学生的社交行为具有重要的意义。

著名教育家陶行知说过："千教万教，教人求真。千学万学，学做真人。"小学道德与法治课程的使命不仅仅是灌输知识和培养能力，更重要的是教学生如何将知识内化为自己的理念，激发他们对真善美的追求，逐步帮助他们形成正确的世界观、人生观、价值观，为他们的终身发展奠定良好的道德与法治素质基础。正如古人所言："亲其师而信其道。"除了教学，教师也可经常通过微信、QQ 等方式与学生进行交流沟通。

五、生成性课程资源开发

生成性课程资源是相对于预设性教学资源而言的重要概念，它是新课程理念的体现。叶澜教授在《重建课堂教学过程观——"新基础教育"课堂教学改革的理论与实践探究之二》一文中提到，学生在课堂活动中的各种状态和表现，包括学习兴趣、积极性、注意力、学习方法、合作能力、表达意见、提出问题和讨论甚至错误回答等，无论是通过言语、行为还是情绪表达，都是教学过程中的生成性课程资源。

生成性课程资源可分为狭义和广义两类。狭义上的生成性课程资源是指在课堂教学中产生的资源，它是通过师生之间的互动及其他教学条件和因素推动的。广义上的生成性课程资源超越了课堂的时间和空间，包括在情境对话、实践活动等场景下，在教育者、学生、教材及环境等多种因素之间动态生长的具有建设性意义的资源。

在教学对话中，生成性课程资源是指师生之间知识、能力、情感、态度和价值观的超越性发展。因此，充分利用生成性课程资源要求教师改变教学观念，不仅关注"如何教"，更关注"学生如何学"。教师需要将学生视为重要的教学资源和生成者，善于发现和利用生成性课程资源，重新审视课堂教学，关注新情境、新内容的产生，并根据需要调整教学程序，重新设计课堂的提问、讨论、引导思考等活动，使课堂充满活力。

根据不同标准，学者对生成性课程资源进行了不同分类。根据资源是否直接来源于课程标准和教材，将生成性课程资源分为内生型课程资源和外诱型课程资源；根据资源是否可观察可发现，分为显性课程资源和潜在课程资源；根据资源是否被利用和深度开发，分为已利用课程资源和"遗存"课程资源；根据学生精神投入程度，分为主动课程资源和被动课程资源；根据存在主体状态和分布范围，分为个体课程资源和集体课程资源。在本书中，将重点介绍如何将生成性课程资源开发为教学资源，并从内生型课程资源和外诱型课程资源的角度进行阐述。

（一）内生型课程资源开发

在学习过程中，学生凭借已有的学习经验，对教师组织的学习活动或教材的重点难点形成了不同的理解，即生成了对问题的多种解读方式，这种解读超出了教师的预期。这种与课程标准和教材理解直接相关的"解读方式"或"回应"，就是内生型课程资源。换言之，内生型课程资源是指学生对教师既定的教学思路进行"独特性思考""创造性解释""错误理解"等，迫使教师做出选择的资源。当教师能够凭借自己的独特判断力和深厚学识，应用教学智慧，有效地开发这些资源时，便能使之成为高价值的、有利于学生持续发展的教学资源。

生成性课程资源是在真实的课堂情境中产生、变化、发展甚至消失的资源，不能脱离真实的课堂情境。杜威提倡的"从做中学"理念强调在特定情境中学习，认为原先情境的特点是思维的起因，并且思维不仅仅源自情境，也回归于情境中。教学情境与教学环境是不同的概念，教学环境更注重活动主体与外在客体之间的关系。要充分开发生成性课程资源，教师需创造教学情境，激发学生的求知欲望，引发其积极思考，多方合作交流，从而促使生成更多的课程资源。有学者指出，教学情境可分为问题情境和活动情境两类，教师在教学过程中应积极创设这两种情境，促使生成性课程资源的产生。

教师的提问在产生生成性课程资源方面具有主要价值。提问不是随意的，而是要围绕特定主题进行追问，帮助学生澄清想法和解决问题。因此，教师要多提开放性问题，少提闭合性问题，给予学生更多的思考空间；要讲求问题的难易适中，激发学生的主动性；要掌握提问时机，避免泛泛问询，特别是在解决难题时引发疑问，引领学生自行探究答案。此外，营造民主、平等、开放的课堂氛围，鼓励学生积极参与讨论和提问，有助于开发高质量的生成性课程资源。因此，教师应持续营造问题氛围，鼓励学生持续提问，衍生更多有价值的课程资源。

（二）外诱型课程资源开发

外诱型课程资源是指与课程标准和教材直接理解无关的资源，而是由课堂内外突发事件或偶然情境引发的资源，如自然环境的声音、学生突然的手机铃声、环境噪声等。这些看似与课堂无关的事件和情境，可能会转变为外诱型课程资源。如果教师能够关注并挖掘这些资源与教学内容之间的内在联系，充分利用教育潜力，就能够吸引学生的兴趣，展现教师的教学能力和水平。

六、以现实生活为载体的课程资源开发

陶行知提出，"给生活以教育，用生活来教育，为生活向前向上的需要而教育"。一般认为道德与法治课程只是关于规定内容、死记硬背、应试备考的一门课程。或许是因为这种固有看法，人们觉得道德与法治课程乏味，好像只是书本上的一门课程，与生活无关。鉴于此，在教学中应开发丰富的现实生活资源。有活力的道德与法治课程应以生活为基础，教师需将经济、文化、道德与法治的基本概念和原理融入日常生活，将知识与现实联系起来，激发学生的学习兴趣，让他们产生情感共鸣。教师不应死板地灌输知识，而应通过具体情境和问题讨论让学生认知和感悟知识。

"理论是灰色的，唯生活之树常青。"以前的课程存在一个明显问题，就是学生的学习局限于课本内容，教师只注重传授课本知识，缺乏对社会生活的实践体验。师生在与实际生活脱节的"小天地"中机械地学习，期待着"知识"的收获。在道德与法治课教学中，需要从"注重知识"转向"关注学生"，从"传授知识"转向"情景探究"，引导学生在实践中获取有用知识。通过有趣的素材课，可以改变学生对道德与法治学习的印象。教师可以利用幻灯片、视频展示新闻时事，让学生讨论生活中和经济、文化、道德与法治等相

关的议题。学生可以在小组交流中体会传统文化的魅力。这一切的体验，会让道德与法治课程变得有趣且生动。通过将现实生活资源引入课堂，能激发学生对知识学习的兴趣，加深对所学内容的记忆。最重要的是，学生在日常生活中也会自觉应用课堂所学知识来分析和解决问题，使道德与法治学习融入生活。

 【案例呈现】

在进行一年级上册"开开心心上学去"教学时，教师可以先将学生分成不同的小组，让每个小组讨论自己每天上学的方式，并总结不同上学方式应注意的事项。这样一来，学生能够很快讨论出几种不同的上学方式，如自己步行上学、家长接送、乘坐校车等。再针对不同上学方式的亲身体验，让学生整理出相关的注意事项，如步行的学生须行走在人行道上，在过马路时须做到"红灯停、绿灯行"，并注意观察两侧的车辆和行人等；由家长接送的学生与同行的人，除了应共同遵守交通规则、注意安全，还要注意不能打扰驾驶人；乘坐校车的学生则要注意在规定时间内到达指定地点等候校车，同时在上下车时应遵守秩序、有序排队。这样的方式能够强化学生对交通规则和社会秩序的认知，使学生在道德与法治课程的学习中将相关概念深耕于心。

第四节　小学道德与法治课程资源开发的策略

一、立足实际是开发小学道德与法治课程资源的内在要求

（一）立足学生实际开发课程资源

学生是教育教学的最终受益者，培养他们的创新精神和实践能力，促进其身心全面健康发展，以及培养良好的道德品质是教育的核心目标。新课程改革的目的是让学生得到积极引导和发展。因此，小学道德与法治课程资源的开发应以学生为中心。

1. 立足学生实际，依据学情开发利用课程资源

教师在开发、选择和利用课程资源时，应考虑学生的实际情况，深入了解学生的相关信息，选择易于他们理解和接受的素材。

首先，了解学生的基本情况，包括他们的知识水平、认知结构和社会背景等。这些信息是教学的基础，因为新知识应建立在学生已有的经验基础之上。小学生正处于知识和思维能力高度发展的阶段，教师应将他们已经具备的信息和认知能力作为课程资源，以确保教学内容贴近生活、贴近学生。其次，新课程改革要求教师更关注学生的心理特点和学习生活。因此，在教学中，教师应充分挖掘学生在各种活动中获得的有益信息和经验，如应用法律知识维护自身合法权益、关注社会问题并提出建议、了解家庭情况并提出具体方案等。将这些资源融入道德与法治课教学，让学生自己参与体验和讨论，比简单的讲解更具影响力，能够激发学生情感，增强教学效果。

 【案例呈现】

在进行四年级下册"交通与生活"教学时，我带领学生走出教室，查看学校附近的交通路况。学生在对有路灯的交叉路口近半个小时的观察中，发现非机动车随意进入机动车道与人行通道，不仅使自身安全风险增加，还会阻碍他人通行，这是一种错误的交通行为。这时，我告诫学生，日常出行一定要严格遵守交通规则，不阻碍他人出行；还要确保自身安全，劝诫同行人遵守交通规则，共同做文明高尚的人。学生进入实际场所观察，从客观角度看到不遵守交通规则的人，以及这些人对交通带来的不利影响，要比死记硬背课本知识来得切实，从而能够理解课本中"交通问题带来的思考"这一重点内容。可见，让生活进入道德与法治课堂，不仅能帮助学生更好地理解与体会生活中无处不在的道德与法治知识，而且能让他们懂得如何在生活中合理运用这些知识，满足学生多元化的学习需求。

2. 立足学生实际，依据学情合理使用教材

教材在教学中的作用逐渐演变，从过去的"控制"和"规范"教学转变为"为教学提供服务"，即从"教授教材"到"使用教材教学"。教材不再是唯一的资源，而是教学的一种材料和工具，是教师和学生之间对话的文本，也是实现课程目标的范例。这意味着教师有权根据实际需要创造性地开发和使用教材。

尽管教材的知识编排具有科学性和逻辑性，但有时设计者难以考虑周全，知识的组织可能与学生的认知结构不相符，从而影响学生对知识的理解。因此，教师需要根据知识之间的逻辑关系和学生的认知特点调整教材的讲解顺

序，使知识结构更为优化、更具科学性和逻辑性。

创造性地使用教材需要以学生为中心，根据课程标准把握教材内容，满足学生的认知需求。教师要灵活而有创意地处理教材内容，调整教材的结构和顺序，弥补其中的不足，使之符合实际情况，体现新课程对教材处理的要求。需要指出的是，这种处理方式应确保教育教学服务顺畅进行。

 【案例呈现】

在进行一年级上册"上学路上"教学时，教师可以借助教材中新增的"路上的温暖"板块，特意让学生根据教材中的插图编故事。课本中的插图主要有"我"和"姥姥"两个人物，背景为下雨天，且有"姥姥，您也别淋着"这样一句解说，图文内容易懂。对此，我让学生从课本插图的故事入手，联想自己的生活，说一说自己在生活中经历的"路上温暖"。有的学生会说："在下雨天，姥姥送我上学，只有一把伞，却把伞倾向了我这边，姥姥的肩膀都淋湿了。"有的学生会说："在冬天，妈妈骑电动车送我上学时，会把电动车上的挡风被放在我身上，妈妈顶着寒风在前面骑电动车。"让故事成为道德与法治教学内容的载体，让学生在讲故事的过程中，将个人情感与知识结合在一起，有利于学生进行自我教育，成为道德与法治知识的开发者与接纳者。在利用故事教学法组织道德与法治课教学时，教师要追求故事内容的趣味化、精准化与创新化。

（二）立足教师实际开发课程资源

有效的道德与法治课程资源应该是在实际条件下可操作的资源，即教师能够理解、使用、组织和操作的资源。如果课程资源过于复杂或晦涩，可能会增加学生的学习负担，导致资源开发的效率低下。因此，在开发道德与法治课程资源时，教师应该根据自身实际情况，充分发挥积极性和创造性，利用自己的特长和潜能，形成自己独特的教学风格。

不同的教师可以根据自己的兴趣和专长选择适合自己的资源。有些年轻教师乐于接受新事物，善于利用网络资源，更了解学生，可能更倾向于使用新媒体资源；而有一些老教师可能更善于使用传统教学手段（如挂图、实物展示、黑板等），也可以取得良好的教学效果。教师的个人特长（如歌舞、相声、书法、绘画等）都可以在课堂上发挥作用，增强教学效果。

教师应该根据自身情况选择最合适的资源，并学习他人的先进教学经验，取长补短。同时，要注重与同事合作，共同开发课程资源，形成教学特色。

【案例呈现】

五年级上册"美丽文字　民族瑰宝"部分包括丰富多样的文字、古老而优美的汉字、意蕴隽永的汉字、影响深远的汉字四个方面，目的是让学生了解中华文字的源远流长和博大精深。教材内容涉及语文、美术、历史等学科知识，还设有"阅读角"和"活动园"两个板块。"阅读角"紧扣主题进行知识讲解，图文并茂，还附有相关提问，能够吸引学生注意，激发学生兴趣。"活动园"穿插其中，设计了在田字格中工整写汉字、制作以"寻汉字之源，赞汉字之美"为主题的板报、与同学分享自己搜集的字帖或自己的书法作品、以"趣味汉字"为主题开展竞赛、搜集汉字故事与同学交流分享等活动，以学生为主体，鼓励学生动手实践、参与体会、互动交流。这样的设计能为教师教学过程的设计、教学活动的组织起到重要的指导和辅助作用。

（三）立足本地实际开发区域课程资源

新的三级课程管理制度使教师有可能自主开发具有地方特色和学校特色的课程资源。根据我国课程资源的分布现状，立足本地实际开发小学道德与法治课程资源是非常重要的。尽管我国拥有丰富的小学道德与法治课程资源，但不同类型的资源分布并不均衡。举例来说，在道德与法治课教学中，现代企业方面的资源在经济发达地区更为丰富，在城市地区比农村地区更丰富；而"红色资源"则更多集中在革命老区。因此，教师可以根据当地特色整合校内外资源，引导学生观察和研究周围环境，将校内外资源有机整合，使课程资源体现地域特色，帮助学生更深入地了解家乡和地域文化，建立起地方事务和道德与法治知识之间的联系，从而增强教学效果。

【案例呈现】

在进行三年级下册"请到我的家乡来"教学时，我首先引导学生阅读教材中的图文内容，了解那些为家乡作出很大贡献的人的事迹，引发学生的情感共鸣。接着，我提出问题："家乡哪些人令你敬佩呢？你佩服他们什么呢？"学生踊跃发言，有一名来自产茶名镇的学生说："我佩服我的爷爷，他从小就做茶，做的茶可香了，卖得很好。我们的邻居跟着他做茶，都建起了新房子。"有一名学生播放了他采访制茶工艺大师李金登的视频，让同学们感受到这位制茶大师对制茶工艺的孜孜追求。还有一名学生展示了一粒小青柑茶，向同学们介绍："这是我邻居王叔叔公司开发的新茶品，他大胆创新，把茶叶和小青柑结合在一起，让茶香和柑橘香味融合，深受年轻人的喜欢，也成为了新的品牌。"身边的优秀茶人可亲可敬，学生们感受到他们身上或踏实劳作的朴实品格，或精益求精的匠心精神，或勇于创新的开拓精神，体会到正是一代又一代的茶乡人深耕耘、善创造，才使茶乡的人告别了贫困，过上了好日子。学生们敬佩之余，感受了家乡人之美，自然也激发了向家乡人学习的热情，增强了建设家乡、为家乡做贡献的使命感，实现本课的教学目标也就水到渠成了。

二、资源整合、筛选与共享是开发小学道德与法治课程资源的关键

（一）整合、筛选道德与法治课程资源应遵循"三优先"原则

在小学道德与法治课教学中，有效地使用多种课程资源是成功教学的关键。整合、筛选道德与法治课程资源应当遵循"三优先"原则。

1. 贴近教学目标的资源优先

在选择课程资源时，应优先考虑与教学目标密切相关的资源。不同的资源可以服务于不同的课程目标，因此在选择课程资源时，需要充分考虑教学目标，筛选与之贴近的资源，确保资源的利用有助于实现教学目标。

2. 适合学生兴趣和实际发展水平的资源优先

为了促进学生发展，应优先选择适合学生兴趣和发展水平的资源。由于学生对道德与法治课程的学习兴趣和实际经验各不相同，因此教师在整合、筛选课程资源时，需要考虑学生的个体差异，确保资源能够激发学生的学习兴趣，促进他们全面发展。

3. 符合教育教学现有条件的资源优先

课程资源的开发与利用应当以最小的成本和精力达到最理想的效果，具体包括经济性、时间性、空间性。经济性是指以最节省的经费开销获得最佳效果。时间性是指要开发那些对当前教育教学有实际意义的课程资源，而不是等待更好的条件或时机。空间性是指课程资源的开发应尽可能在本地进行，不要远赴他乡，校内有的不必求助于校外，本地资源充足的情况下不必求助于外地。

（二）整合、共享小学道德与法治课程资源的实现路径

整合与共享课程资源是增强教学效果的重要手段。小学道德与法治课程资源的整合与共享有以下多种途径和方式。

1. 利用信息技术和网络手段实现小学道德与法治课程资源的整合与共享

利用信息技术和网络，可以为小学道德与法治课教学提供丰富的内容和高效的交流平台。教师可以利用信息技术将各种教学资源融合在一起，增强教学效果。网络已成为学生获取知识的重要渠道，因此教师可以利用网络资源丰富课程内容，激发学生的学习兴趣。同时，教师要善于整合网络信息资源，选择符合学生认知和思维习惯的资源，为学生提供正确的参考和依据。

2. 加强小学道德与法治课程资源与其他学科课程资源的整合与共享

小学道德与法治课程应当与其他学科资源进行整合与共享，以突破学科界限，提高学生综合运用知识的能力。教师可以利用音乐、语文、历史等其他学科资源来丰富道德与法治课程资源，使学生在学习中获得全面的认知和理解。通过让艺术、文学等资源走进道德与法治课堂，可以激发学生的学习兴趣，帮助他们更好地理解道德与法治知识。

3. 实现校内外小学道德与法治课程资源的整合与共享

学校可以与社区及其他学校进行资源共享，避免资源浪费，提高资源利用效率。学校可以建立教师资源共享平台，让教师之间互相学习交流；可以开放各种设施，让学生享受更多资源和福利；可以通过建立区域性样本校、设立教师联盟等，促进课程资源的整合与共享，创造更好的学习环境。

4. 与时俱进，加强对时政信息资源的整合与筛选

道德与法治课程应当紧跟时事动态，整合时政信息资源，使课程内容与时代紧密联系。教师可以借助新闻报道、时政讨论等方式引入时事知识，让学生了解国家政策和热点问题，培养学生的社会责任感和批判思维能力。通过创新教学方式，不断更新教材内容，让道德与法治课程充满生机和活力。

在整合、筛选道德与法治课程资源时，应优先考虑符合教育教学现有条件的资源。资源的开发与利用需要充分考虑经济性、时间性、空间性等因素，确保资源的利用效率最优化。

三、健全机制是开发利用小学道德与法治课程资源的保障

随着国家新课程改革的不断深化，课程资源的开发变得至关重要。全国各

地的学校纷纷掀起了课程资源开发的热潮，其中小学道德与法治课程资源也成为开发的焦点。然而，在这一过程中仍存在一些问题和不足，如教师的意识和积极性不高、课程资源的连续性和整合性不够、课程资源的开发与利用没有得到足够重视等。因此，小学道德与法治课程资源的开发需要教师的努力，也需要学校和教育主管部门提供更多的支持和帮助。通过在宏观制度、政策和微观物质条件上对教师进行保障和支持，可以有效促进小学道德与法治课程资源的开发与利用工作。

（一）健全相应的教师激励机制

在影响课程资源开发与利用的关键因素中，教师是最为重要的一个因素，他们能够带领其他参与者共同开发小学道德与法治课程资源。因此，为了充分调动教师的积极性，有效地开发小学道德与法治课程资源，有必要采取一些激励措施。

建立相应的教师激励制度是提高教师开发课程资源积极性的重要手段。目前，许多小学道德与法治教师对课程资源的开发还不够熟悉，尤其是一些边远地区和经济不发达地区的教师。在传统的被动接受思维框架中，一些教师缺乏开发课程资源的意识，不知道从哪里获取他们需要的资源。针对上述情况，学校可以建立科学合理的激励制度，通过培训等方式提升教师开发课程资源的意识和能力，同时对于积极主动开发课程资源的教师进行适当奖励，这将帮助教师找到开发资源的动力和信心，为小学道德与法治课程资源的开发奠定坚实基础。学校还可以制定相关的奖惩措施，对于取得显著成效的教师给予物质奖励和精神表彰，如将课程资源开发作为评审、评选先进等活动中的重要指标。这些激励措施将促使更多教师重视课程资源的开发与利用，也将推动课程资源的有效合理利用。

（二）建立课程资源开发评价机制

课程资源的有效开发与利用需要教育评价的支持。在小学道德与法治课程资源的开发过程中，目前缺乏完善、实用的评价机制，缺乏科学的评估方法来评判教师在课程资源开发方面的效果。因此，建立具体有效的评价机制至关重要。及时评价和判断教师在课程资源开发过程中的表现，能够提高他们参与小学道德与法治课程资源开发的积极性和主动性，从而更好地支撑小学道德与法治课程教学。

课程资源的开发需要学校和教师投入大量的资源和精力，而传统的教育与教学评价却未涉及此方面。若评价制度滞后，将影响学校和教师参与课程资源开发的积极性。因此，建立和完善课程资源开发的评价机制至关重要。此举可规范教师的具体行为，防止教师在缺乏正确理论指导下造成偏差、盲目行为或误区，如随意调整教材内容或盲目扩展教学内容等。

学校需要深入研究课程资源开发的目标、内容、范围、方式和方法，在评价主体、评价对象、具体项目操作、修改和完善方面确立一定的标准和规范。应坚持多元化的评价原则，如在评价指标上应具有地域性特点，即城乡之间，甚至同一城市不同区域对社区课程资源开发应有不同的指标要求；在分析方法上要结合定量和定性分析；在评价形式上可自评也可他评，也可结合学校、社区和家长的评价。总之，多元化的评价机制不仅能激励教师深入开发小学道德与法治课程资源，还是评价工作的必要保障。①

（三）建立有效的课程管理机制

小学道德与法治课程资源以多种形式呈现，其中一些资源具有长久的价值，进行整合管理，可方便资源重复利用，减轻教师的负担；另一些资源具有多样性，整合管理有助于对其进行及时开发。

1. 建立小学道德与法治课程资源信息库

小学道德与法治课程资源具有不断变化的特点。为科学开发这些资源，应建立直观、便捷、系统、开放的课程资源信息库。在学校内，备课组可以在教案中设置"教师手记"和"教学设计"，记录宝贵的教学经验和活动设计，这些是课程资源信息库的重要内容。学校和教育部门应汇总小学道德与法治教师的教案、课件、教学设想等资源，并建设课程资源信息库进行管理和发布。

在建立课程资源信息库时，教师需了解资源类型及标准，并通过调查研究搜集各类有利于教学的资源，进行筛选和评估，最后优化管理。课程资源信息库能为教师检索资源提供便捷，节约时间，最大限度地发挥资源效益，为教学提供有力支持。②

通过新技术对小学道德与法治课程资源进行重组，构建符合教学需求的课程资源信息库，可使资源更有序。有效开发资源、建立课程资源信息库，可打破地域限制，促进资源共享和教学创新。

---

① 林顺泽. 小学思想品德课教师开发课程资源存在的问题及对策［D］. 武汉：华中师范大学，2013.
② 同①.

2. 建立小学道德与法治社区课程资源开发利用网络

除学校内外相关方，教育行政部门、社区和家长的支持对课程资源的开发至关重要。学校应与家长、社区及其他部门建立联系，形成纵向及横向交错的资源开发网络，发挥整体效应。各级行政部门可建立校内外资源转换机制，加强资源管理和共享。政府可建立和管理爱国主义教育基地等资源，促进社区资源发挥作用。

（四）重构学校教学管理制度

学校教学管理制度是根据上级教育部门规定，结合学校实际情况对开设课程进行管理的体系。随着基础教育新课程改革的进行，学校和教师获得了更多的自主权，因此原有的教学管理制度需要进行相应的调整。新的教学管理制度应强调研究性、生成性和开放性，以满足新课程改革的要求，推动教学管理制度的革新和重构。

在建立新的学校教学管理制度时，应遵循以下原则。首先，要符合政策和法规，确保国家课程的实施和地方课程的区域性特色，并尊重学生和教师的利益，提升教师和学生的积极性。其次，以学生和教师为本，确保规章制度科学可操作。最后，规章制度要稳定严肃，有利于维护秩序和实现教学目标。

从社会主义核心价值观的角度看，学校管理应侧重依靠人、尊重人、培养人，形成学校的制度文化，塑造学校的行为准则。建立和健全规章制度，是重要的文化建设内容。

重构学校教学管理制度可以为道德与法治课程教师提供资源开发的制度支持。小学道德与法治课程资源的开发需要开放的决策过程，学校管理者和教师合作组织在决策过程中起关键作用。教育部门和管理者应充分认识到资源开发的重要性，并支持和鼓励教师和学生参与其中。

因此，在新课程理念的指导下，重构学校教学管理制度对推动课程资源的开发、教师专业成长、学生成长，以及深化教育改革和推进素质教育有着至关重要的作用。

（五）完善相关的教育政策

应将课程资源建设纳入整体课程改革计划，在政策上确保各类资源得到有效利用。

在政策层面，应确保为学生分配足够的基本资源，以满足实施国家课程标准的要求。这包括提供充足的专业教师、足够的经费、良好的工作环境和条件、充裕的教学时间、丰富的教学材料和设备，以及适当的教学场所和社区支持。课程计划应确保教师和学生有足够的时间参与学习和活动。

政策应赋予教师足够的自主权，确保他们在道德与法治课程资源的开发中扮演主导角色。教师是课程实施的核心人物，是资源开发的关键因素。政府、教育部门和学校应主动帮助教师，为其提供政策支持、经费支持和良好的工作环境与条件，并争取社会广泛支持，以确保教师有充足的时间和资源开发课程资源。

第四章　精选课例

》》第一节　开天辟地的大事

一、课标要求

新课标对第三学段（5～6 年级）的学生有如下要求："了解中国共产党的成立以及中国共产党带领中国人民取得革命胜利的历史，初步了解马克思主义中国化的发展进程，知道全心全意为人民服务是中国共产党的根本宗旨，激发热爱中国共产党的情感。"《道德与法治》五年级下册第三单元"百年追梦复兴中华"第 9 课"中国有了共产党"与新课标要求非常契合。我们选择该课的第一个主题"开天辟地的大事"，作为落实上述要求的参考。

二、教学过程

紧密结合生活实际，以举国欢庆、举世瞩目的庆祝中国共产党成立 100 周年大会为切入点，引发学生思考：100 年前中国共产党成立时是否也是如此隆重呢？这种思考能在激发学生求知欲的同时，巧妙地引出第一个学习任务，从而引导学生初步感受到中国共产党成立时的艰辛，完成爱党敬党情感的第一次积淀，也为后面的学习埋下伏笔。

（一）回望历史创情境，角色体验明必然

1. 提问

教师：秘密召开的中共"一大"宣告了中国共产党的正式成立。虽然中共"一大"规模小、会场小，既没有登上报纸，也谈不上举国欢庆、举世瞩目，却被公认为"开天辟地的大事"，这是为什么呢？让我们回到 100 年前，去探寻答案。

2. 创设情境

教师：让我们穿越时空隧道，回到 100 多年前的中国。那时的中国内忧外患、民不聊生，是中国社会最黑暗、人民最困苦的时期。（播放视频《黑暗中的探索》）

假如你生活在那个不堪回首的年代，你就是当时的那个他（她），你会怎么做？结合资料说明理由。

3. 情境体验

出示任务二的学习单。

任务二：情境体验——假如我是他（她）。

（1）观看平板电脑资料包中的相关视频，阅读课前"寻宝先遣队"从中国共产党历史展览馆收集的图文资料和教材第 58，59 页的内容。

（2）从下面的情境中选择一个人物角色进行体验。

情境一：假如你是社会中一个备受压迫、生活困苦、处于水深火热之中的平民百姓，你会……

情境二：假如你是某著名大学一位地位很高、思想先进的教授，享受着优厚的待遇，衣食无忧，家庭美满幸福，你会……

情境三：假如你是一名有志的进步青年学生，你会……

（3）时间：6 分钟。

学生以小组为单位进行角色体验，教师巡视指导。

学生交流分享。教师出示相关背景图片，并适时点拨、追问、补充、提升、小结。

4. 教师引导

追问一：作为大学教授，您社会地位高，生活优越，为什么不潜心教学生文化知识，而要宣传马克思主义？

（点拨：俄国十月革命照亮了中国革命的道路，马克思主义成为中国革命的指路明灯。）

追问二：作为一名青年学生，你为什么不在教室里专心学习，反而不顾生死，去大街上游行示威？

（提升：五四运动为中国共产党成立做了思想上干部上的准备。）

追问三：（播放电视剧《觉醒年代》中的"建党宣誓"片段）李大钊、陈独秀这些先进的知识分子为什么要创建新的政党？他们要创立一个什么样的政党，建立一个什么样的国家？（出示中国共产党党旗，加深学生对中国共产党的理解。）

小结：中国共产党是为中国人民谋幸福、为中华民族谋复兴的伟大政党。中国共产党的成立，是历史和人民的必然选择！是中国近代史上开天辟地的大事！自从有了中国共产党，中国革命踏上了争取民族独立、人民解放的光明大道，中国革命的面貌焕然一新。

设计意图：教师首先运用对比，引发学生的深思，让学生再次产生认知冲突；然后通过创设代入感较强的历史"穿越"情境，开展角色体验的任务活动，引导学生结合影音图文资料分别从饱受欺压的平民百姓、有志的进步青年学生和思想先进的知识分子三个有代表性的人物中选择角色进行体验；最后通过层层深入的追问，使学生深刻认识到中国共产党的成立是历史和人民的必然选择，是开天辟地的大事，感受到中国共产党的初心使命，初步感受党与国、党与民的关系，从而打破学生认知的障碍，完成爱党敬党情感的第二次积淀。

（二）致敬先驱解密码，探秘成功悟精神

1. 激趣引疑

教师：成立之时的中国共产党，被称为"史上最牛创业团队"。面临无数艰难险阻的中国共产党人靠什么成就了建党伟业，做出这样开天辟地的大事？他们的成功密码是什么？

让我们走近这些共产党人，结合中国共产党历史展览馆的珍贵文物，探秘建党伟业的成功密码。

2. 制作"星星致敬卡"

出示任务三的学习单。

任务三：探秘成功密码，致敬革命先驱。

（1）阅读"寻宝先遣队"从中国共产党历史展览馆收集整理的图文资料和文物照片。

（2）探秘中国共产党的先驱能成就建党伟业的成功密码，并为其制作"星星致敬卡"，写出致敬理由。

（3）时间：5分钟。

学生自主学习，教师巡视指导。

学生交流汇报，张贴"星星致敬卡"，教师适时补充、追问、点拨、提升。

3. **教师引导**

补充：展示中国共产党历史展览馆中 0001 号文物——李大钊就义时的绞刑架和就义前的照片。

追问：是什么力量让李大钊站在绞刑架下依然坚贞不屈、视死如归？

小结：中国共产党先驱正是依靠这种开天辟地、敢为人先的首创精神，坚定理想、百折不挠的奋斗精神，立党为公、忠诚为民的奉献精神，创建了中国共产党，做出这样开天辟地的大事。2005 年 6 月，时任浙江省委书记的习近平同志将这些伟大精神凝练为"红船精神"。"红船精神"恰恰是中国共产党的先驱成就建党伟业的重要成功密码。

敬礼：让我们用庄严的队礼表达对中国共产党先驱的崇高敬意。

设计意图：通过任务活动，引导学生深度挖掘人物精神，感悟"红船精神"的内涵，真情表达对中国共产党先驱的敬仰之情，完成爱党敬党情感的第三次积淀。

（三）回归生活跟党走，明确身份强责任

1. **点燃激情**

教师："红船精神"彰显着中国共产党人的信仰底色，中国共产党人的初心和使命就是为中国人民谋幸福、为中华民族谋复兴。这种忠诚为民的政治情怀一直持续到 100 多年后的今天，成为中国共产党有别于其他政党的鲜明底色。

2. **放声歌唱**

教师：站在建党百年后的今天回首过去，事实证明：没有中国共产党就没有新中国，就没有现在的中国。让我们用歌声表达对中国共产党的赞颂吧！（齐唱《没有共产党就没有新中国》）

3. **明确责任**

教师：同学们，低头看看并抚摸自己胸前鲜艳的红领巾，它是红旗的一角，是烈士的鲜血染成的。作为共产主义的接班人，站在当下，面向未来，你有什么感受？

4. **总结反思**

教师：同学们作为共产主义接班人，要接过革命的火炬，让革命精神薪火相传。作为新时代的少先队员，同学们一定要时刻听党话，一心跟党走，在未来，还要更加努力，好好学习，争取早日加入共青团，成为党的助手和后备军，直到成为一名真正的、光荣的中国共产党党员，为中华民族伟大复兴贡献自己的一份力量！

5. 特色作业超市

拓展性作业：制订"红领巾心向党，好少年跟党走"的行动计划并落实在日常生活中，以实际行动热爱和拥护中国共产党。

实践性作业：走进中国共产党历史展览馆进行实践活动，结合课堂所学，用绘本、诗歌、海报、情景剧等自己喜欢的方式展示学习成果。通过深情歌唱、抚摸红领巾等方式，让学生进一步体会党与国、党与我的关系，明确自己作为共产主义接班人的政治身份和责任担当，抒发真情实感，引起共鸣。同时通过特色作业拓展延伸，做到知行合一，消除情感与行动之间的障碍，从而完成爱党敬党情感的第四次积淀。

≫ 第二节　走进新时代

一、课标要求

新课标对第三学段（5~6年级）的学生有如下要求："知道中国特色社会主义进入新时代，初步了解习近平新时代中国特色社会主义思想，明确习近平新时代中国特色社会主义思想的指导地位。"《道德与法治》五年级下册第三单元"百年追梦　复兴中华"第12课"富起来到强起来"与新课标的要求非常契合。我们选择该课的第三个主题"走进新时代"，作为落实上述要求的参考。

二、教学过程

（一）谈话导入，描绘梦想

1. 我的梦想
以"我的梦想"为题，进行3分钟演讲。
学生发言：当科学家、当飞行员、从事电商工作、开玩具店、做旅行家……

2. 大家的梦想

教师：每个人都有梦想，那大家共同的梦想是什么呢？

学生发言：人们都很富裕、生活很美好，地球没有环境污染，可以登上月球、火星，还可以进行深海探测……

3. 梦想中的祖国

教师：你梦想中未来的祖国是什么样子的？

学生发言：国家统一，祖国更加强大……

4. 总结

教师：经过长期努力，中国特色社会主义进入了新时代，今天就让我们一起"走进新时代"，一同描绘我们的中国梦。

设计意图：初步感受个人梦想和中国梦，为后面的教学奠定基础。

（二）任务驱动，共筑梦想

1. 百年追梦

结合前面的学习，完成学习任务单中的第一题。

借助学习任务单，用年代尺的方式，进一步了解中国共产党成立至今的辉煌历史。

2. 数说梦想

学生阅读"决胜全面建成小康社会，开启全面建设社会主义现代化国家新征程"材料，小组交流并回答学习任务单中的如下问题。

（1）党的十九大再次提出的全面建成小康社会是在哪一年？

（2）21 世纪中叶的奋斗目标是什么？你能具体描绘一下吗？

（3）算一算实现 21 世纪中叶的奋斗目标时你是多少岁，对此你有什么感悟？

（4）小康社会是如何实现的？它又意味着什么？（播放视频《2020 年中国实现全面脱贫》）

（5）看数字，感受全面脱贫的重要历史意义和现实意义。

学生汇报：2020 年我国实现全面脱贫，这标志着我国已经全面进入小康社会。

（6）看到这些数字，你还想说些什么？

学生发言：数字背后体现了我国取得的巨大成就，中国为世界脱贫提供了中国范本，等等。

3. 图说梦想

（1）想象："社会主义现代化强国"是什么样子的？

教师出示图片印证，对学生发言适时补充说明。

（2）想象：未来的自己是什么样子的？

学生小组交流，分享未来的自己。

（3）小结。

①落点：身体、学识、品德等方面都是同学们说到的个人层面的强大，建成富强、民主、文明、和谐、美丽的社会主义现代化强国是国家层面的强大。

②提升：国家富强、民族振兴、人民幸福，这是中华民族伟大复兴中国梦的基本内涵。那时的你们有学识、有健康的身体、有魄力，是祖国建设的中坚力量，是中国梦的圆梦人！

4. 笔绘梦想

（1）问题引领：如果用一种颜色来描绘新中国成立 100 年时的中国，你会用哪种颜色？为什么用这种颜色？

学生用不同颜色、从不同角度描绘未来中国的画面。

（2）问题探究：个人的梦想和国家的梦想有什么关系？

学生发言：做科学家可以实现科技强国，做军人可以捍卫祖国统一，等等。

（3）小结。

①核心词：有大有小、有远有近、多彩的梦；历史的、现实的、未来的、美好的、具体的。

②提升：中国梦是和平、发展、合作、共赢的梦，与世界各国人民的美好梦想相通。

设计意图：借助学习任务单，梳理并分享核心问题下的驱动任务，通过百年追梦、数说梦想、图说梦想、笔绘梦想等环节的设计与实践，让学生在历史时空中共筑梦想，为实现中华民族伟大复兴的中国梦而不懈奋斗。

（三）以终为始，实践梦想

1. 填写并分享"梦想卡"

请学生在"梦想卡"上写下关于未来的梦想并与大家分享，分享后贴到黑板上。（播放歌曲《走进新时代》，学生填写并分享"梦想卡"）

2. 本课总结

教师总结：以梦为马，砥砺前行。同学们，中华民族伟大复兴将在你们这一代人身上实现，你们既是历史的见证者，也是辉煌的创造者，唯有坚持梦想与信仰，永远跟党走，不懈奋斗，才能一张蓝图绘到底，实现中华民族伟大复兴！

让学生在《走进新时代》的歌声中描绘自己的梦想和祖国的梦想，坚持梦想与信仰，进一步感悟自己这代人既是实现中华民族伟大复兴中国梦的历史见证者，也是辉煌的创造者。

》》 第三节　我爱家乡山和水

一、课标要求

新课标对第一学段（1~2年级）的学生有如下要求："了解家乡的风景名胜和主要物产，关注家乡的发展变化。"《道德与法治》二年级上册第四单元"我们生活的地方"第13课"我爱家乡山和水"与新课标要求基本符合。这一课由"我的家乡在这里""发现家乡的美""家乡的故事"三部分组成。我们选择该课内容，按照整体备课的思路做出如下设计与教学。

二、教学过程

（一）我的家乡在哪里

1. 看图片，猜家乡

教师：今天，老师介绍大家认识几位新朋友，请你们根据图片，猜猜他们来自哪里。（出示教材上的四幅图片）

（1）青青：他来自哪里？从哪儿看出来的？因为他从小在草原长大，所以这片草原所在的地方就是他的家乡。这是一片怎样的草原？

（2）山山：猜一猜山山的家乡在哪里？那里有一条弯弯的小河。看，山山和小伙伴在河边做什么？

（3）原原：（播放歌曲《黄土高坡》）原原小朋友来自黄土高坡，因此黄土高坡就是他的家乡。这里空旷辽远，黄土地松软。

（4）京京：京京的家乡在城市。这里有宽宽的街道、高高的楼房，还有一座座街心公园。

学生看图片，猜家乡。

2. **晨晨的家乡在哪里**

教师：刚才我们知道了这几位小朋友的家乡在哪里，也知道了他们的家乡有什么特点。有一个叫晨晨的小朋友碰到了一个难题，他不知道哪儿才是自己的家乡，你们可以帮帮他吗？（播放录音：我叫晨晨，我家在北京。我爷爷和奶奶的家在西安。我姥姥和姥爷住在海南三亚。妈妈告诉我，我出生在山东济南，在山东住了半年。到底哪儿是我的家乡呢？）

学生小组讨论，帮助晨晨找到家乡。

3. **我的家乡在哪里**

教师：像这样，从小生长、长期居住的地方称为"家乡"。那么，你的家乡在哪里呢？请你来介绍自己的家乡吧。

学生介绍自己的家乡。

教师：和在座的大多数同学一样，老师的家乡也是武义。武义山清水秀，素有"萤石之乡，温泉之城"的美称。今天，我们就当一回游客，一起去看看武义的山山水水吧。（板书课题：我爱家乡山和水）

设计意图：家乡是一个抽象的概念，"看图片，猜家乡"可以在最短时间内调动学生的参与热情。"晨晨的家乡在哪里"这一辨析活动，帮助学生在头脑中清晰地建立"家乡"的概念。"我的家乡在哪里"通过介绍自己的家乡，让学生明确自己家乡的地理位置和地貌特征。

（二）家乡山水景色秀

1. **导游"小义"**

教师：（出示武义旅游卡通形象——小义）出游之前，我们需要一位导游，请谁呢？我们请他做个自我介绍吧。（播放动画）

学生观看武义旅游卡通形象小义的自我介绍。

教师：你们喜欢小义吗？那就让我们坐上大巴车，跟着小义出发吧。

2. **行程第一站：身边风景我来赞**

教师：同学们，家乡处处是美景。课前，老师做了"我最喜欢的身边风景"问卷调查，根据调查的情况，选择了一处大家最熟悉的标志性建筑——熟溪桥（出示熟溪桥图片）说一说，你喜欢熟溪桥的什么？

学生举手回答问题，说明自己对熟溪桥的喜爱。

教师：老师眼中的熟溪桥又是怎样的呢？熟溪桥历史悠久，已有800多岁了。它美得与众不同。每当夜晚华灯初上，水上的桥和水里的桥交相辉映，特别漂亮；春暖花开，鲜花装点下的熟溪桥如青春美少年般活力四射；白雪皑皑，穿着厚厚棉袄的熟溪桥仍然精神抖擞、别有风采……（为图片配乐欣赏）我爱熟溪桥，不仅仅因为它的美，更因为它一直陪伴着我长大。小时候，那是我每天上学、放学的必经之路，那里有我的喜怒哀乐，也见证了我的成长。如今，一有时间我就会带着我的孩子去桥上散步乘凉，我的孩子特别喜欢认桥上的牌匾，喜欢看桥下的鱼，喜欢爬楼阁前的台阶，喜欢坐桥下的游船，因而留下了许多美好的回忆……熟溪桥成了我心中家乡最美的风景。

教师：请同学们在组内交流分享——你最喜欢家乡的哪里？你常常在那里干什么？它美在哪里？课前，大家都准备好了自己的"最美家乡"作品，请拿出来和组里的同学一起分享吧。

学生以小组为单位，拿出自己课前准备好的摄影、绘画作品，说出它美在哪里。

教师：每个地方都有小溪、大树、公园、大山，可唯独家乡的小溪、大树、公园、大山陪伴着我们，留下了我们成长的印记，因此说陪伴我们成长的风景最美！

3. 行程第二站：家乡名胜大饱览

教师：武义是著名的养生胜地，众多名胜古迹吸引了越来越多的游客。作为家乡人，我们更应该亲近家乡的山水，就让小义为我们带路吧！

（1）山的代表：大红岩风景名胜区。（小义介绍大红岩丹霞地貌）

学生欣赏大红岩美景。

教师：你们去过大红岩吗？大红岩好玩在哪里呢？

（2）水的代表：清水湾温泉度假村。（小义介绍武义温泉）

学生听小义介绍清水湾温泉度假村。

教师：你有过泡温泉的经历吗？说说泡温泉的趣事，分享一下泡完温泉的那份惬意。

教师：除了这些，家乡还有数不尽的秀丽风光！（播放一组家乡美景图）欣赏完了美景，说说你的感受吧。（板书：山水美）

学生欣赏图片，表达对家乡的赞美。

设计意图：家乡的名胜众多，通过课前问卷调查的方式，选出学生最感兴趣的内容来呈现，让学生通过"拍一拍""画一画""看一看""说一说"等一系列活动，自主感悟家乡山水的美。

（三）家乡山水故事美

1. 行程第三站：家乡故事大讲坛

教师：家乡美，不仅美在有众多风景名胜，更美在它厚重的文化积淀。这是大红岩的牛鼻洞，据说有着"左财右寿"的说法，左右两边都走一走，寓意未来可以财寿双全。这个传说代表了家乡人追求幸福生活的美好愿望。像这样的名胜，在我们家乡还有很多，等待着我们去发现。看！湖畔公园，它是为了纪念"湖畔诗人"潘漠华烈士而建造的；樟树角路，它是因为这一棵大樟树见证了家乡悠久的历史而得名的。课前，大家已经搜集了家乡的历史故事、传统故事、民俗故事、传说故事等，说说看，你是用什么办法来搜集的？

学生：采访询问、上网搜索、查阅图书资料等。

2. 故事分享会

（1）小组合作要求。

①轮流分享课前搜集到的家乡故事。

②可以采用讲、演、唱等不同形式展示家乡故事。

③小组成员认真聆听，即时评价，选出最有意思的故事在全班进行交流。

（2）学生分享要求。

首先在小组内分享搜集到的故事，然后各组选出最有意思的故事在全班进行交流。

设计意图：交流课前搜集到的家乡故事等，在讲述、评价、提升中帮助学生建立与家乡生活环境的联系，增进学生对家乡的了解，让学生感受到家乡厚重的历史文化底蕴，丰富学生的感性体验，在潜移默化中培养学生的政治认同。

（四）家乡山水我代言

1. 行程第四站：我为家乡来代言

教师：丰富有趣的家乡山水故事为家乡蒙上了一层神秘的面纱，让家乡增添了无限魅力，吸引了更多中外游客。作为家乡小主人，我们该怎样宣传家乡、介绍家乡呢？下面让我们来玩一个小游戏吧。

游戏内容：每个小组都有一幅地图，地图上清楚地标出了六处家乡名胜，请你摇动色子，摇到哪个数字就请你为对应的那一处名胜代言。

2. 小组合作玩游戏

小义：同学们，你们的代言有想法、有创意、有说服力，小义从中感受到大家对家乡武义的热爱。本次游览顺利结束，再见！

设计意图：用游戏点燃学生的热情，让每名学生都积极主动地参与学习，激发学生的潜能，锻炼学生的思维。学生为家乡代言的游戏过程，也是对家乡产生自豪感、归属感这一情感目标实现的过程。

（五）家乡山水我最爱

1. 爱护家乡环境

教师：我们游览了武义的名山大川，领略了家乡的山美、水美、故事美。2017 年，我们的家乡被评为"全球绿色城市"（出示武义得此殊荣的图片），我们为此感到非常自豪。可是，我们的家乡有时还有不和谐的画面。（出示图片：熟溪河里漂着塑料袋，壶山散落着食品包装袋，等等）

这是什么原因呢？这样的行为是爱家乡的表现吗？作为家乡的小主人，我们要怎么做才能让她更美呢？

学生互相交流，并提出建议：主动捡起白色垃圾，爱护环境，种树栽花，等等。

教师：同学们，家乡山水陪伴我们成长，我们应该呵护家乡山水，让她更加美丽。最后，让我们来一次心灵之旅，再次走进我们美丽的家乡。（播放武义申报"全球绿色城市"的宣传视频）

学生分享观后感，抒发对家乡的热爱之情。

2. 合作创编小诗

根据板书总结提炼，师生合作创编小诗《我爱家乡山和水》。

我爱家乡山和水

我的家乡在哪里？

我要大声告诉你。

我的家乡在武义，

这里山水景色秀，

这里山水故事美，

我为家乡来代言，

家乡山水我最爱！

设计意图："爱家乡"不是一句口号，道德教育需要将道德认知、道德情感转化为道德行为。学生通过前面环节的学习，内心已经升腾起一股热爱家乡之情，"全球绿色城市"的殊荣和不和谐的画面使学生爱家乡的情感产生碰撞，从而进一步增强爱护家乡山水的使命感，进而将热爱之情化作行动的力量融入未来的学习和生活。

❯❯ 第四节 我们的节日——中秋节

一、课标要求

新课标对第二学段（3~4年级）的学生有如下要求："知道我们辽阔的疆域是各民族共同开拓的，悠久的历史是各民族共同书写的，灿烂的文化是各民族共同创造的，伟大的精神是各民族共同培育的。"其对应的教学提示为："选择、列举代表民族文化的实例，如传统节日、歌曲、民间传说、历史故事、服饰、建筑、饮食等，进行交流展示。"根据以上要求，我们选择"中秋节"这个传统节日进行项目式学习设计与教学。

二、教学过程

"我们的节日——中秋节"是从传统文化角度开发的小学道德与法治学科实践活动。我们围绕核心问题"怎样让中秋节节味儿浓起来？"开展了三阶段六课时的长周期问题解决学习活动。"传承与创新"是统领整个项目式学习的核心主题。

第一课时：围绕"你想了解中秋节的哪些内容？"归纳出学习研究的内容，即中秋节的由来、拜月习俗、月饼的历史及种类、各地不同习俗、中秋故事、中秋诗词，然后分小组学习并制作思维导图和展板。

第二课时：各小组分享交流学习成果，围绕"中秋节是一个什么样的节日？"这一问题，分别从历史、地理、文化的视角进行深入研讨，从而深化对中秋节文化内涵的理解。

第三课时：从现实问题"为什么中秋节的节味儿变淡了？"入手，引导学生提出问题，然后分析梳理问题产生的原因，并进行分类，得出"不了解中秋传统文化是中秋节节味儿变淡的根本原因""现代生活方式的冲击是中秋节节味儿变淡的直接原因"等结论。

第四课时：围绕核心问题"怎样让中秋节节味儿浓起来？"从社会热点话题"月饼需要改良吗？"入手，以月饼为例，探讨"传承与创新"的关系，引导学生展开观点交锋，在讨论中逐步建立兼顾传统与创新的核心概念。初步设计文创产品或活动，找回中秋"味道"。

第五课时：将自己的创意变成现实，设计文创产品或活动。分别从"制作创意月饼""制作柚子灯""制作月亮灯""组织中秋'飞花令'""制作兔儿爷挂饰""布置拜月台""表演中秋话剧"七个方面，进行文创产品制作或活动排练。

第六课时：围绕主题"过有味道的中秋节"交流汇报成果，从七个方面进行活动展示，并观看外国人过中秋节的视频，回顾"我们的节日——中秋节"的整个学习过程并交流收获，让传统文化落地生根。

其中，前三课时，学生走近中秋节，提出并分析问题。这一阶段既是学生获得中秋团圆概念的过程，也是提出问题的过程，更是获得文化理解的过程。

第四、五课时，迁移团圆的概念，找到中秋"味道"由淡变浓的方法。这一阶段既是学生知识迁移的过程，也是解决问题的过程，更是增强文化认同的过程。

第六课时，运用团圆的概念制作创意产品或设计活动。这一阶段既是学生知识应用与创新的过程，也是实施方案的过程，更是文化践行的过程。

整个学习历程，既是学生围绕核心问题"怎样让中秋节节味儿浓起来？"探索学习的过程，又是学生获得核心概念、迁移和应用核心概念解决问题的过程，更是从文化理解、文化认同到文化践行层层递进、落实文化自信的过程。

"我们的节日——中秋节"项目式学习分为三个阶段，包含六课时的教学内容，见表4-1。

表4-1 三个阶段六课时的教学内容

阶段	课时	课题
第一阶段：走近中秋节，提出并分析问题	第一课时	走近中秋节
	第二课时	我心中的中秋节
	第三课时	中秋节节味儿变淡的原因
第二阶段：设计方案，解决问题	第四课时	找回中秋"味道"
	第五课时	中秋节DIY（设计和制作文创作品）
第三阶段：实施方案，表达交流	第六课时	过一个有"味道"的中秋节

下面呈现了第三、四、六课时的教学过程。

（一）发现问题——中秋节的节味儿变淡了

1. 播放视频：回顾过去人们过中秋节的情景
引导：在旧时中秋节的歌声与温馨的画面中，你有什么发现和感受？

2. 出示统计图：了解现在我们过中秋节的情况

引导：如今的中秋之夜，我们又是怎样过节的呢？

（1）出示本班学生"赏月"和"吃月饼"的饼状统计图（图4-1和图4-2）并提问：你发现了什么？

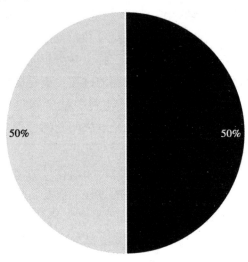

没有赏月■ 赏月

图4-1 中秋节赏月情况

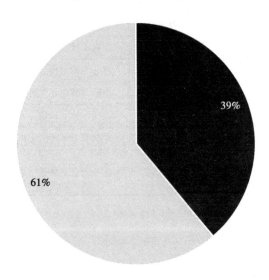

吃月饼 ■ 没有吃月饼

图4-2 中秋节吃月饼情况

学生：赏月的人只有一半，虽然吃月饼的人比没有吃月饼的人多，但是没有吃月饼的人也不少。

小结：中秋节必备的美食——月饼，竟然有约2/5的同学没有吃；中秋之夜，"举头望明月"的习俗，也有一半的同学没有做。

（2）出示本班学生中秋节在家团聚情况的饼状统计图（图4-3）并提问：你又有什么发现？

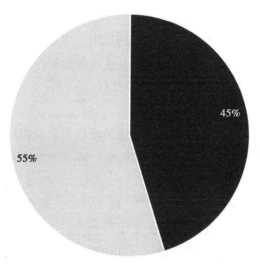

45%

55%

▨ 没有在家团聚 ■ 在家团聚

图4-3 中秋节在家团聚情况

引导：我们班有近一半的同学中秋节没有在家团聚，即便是团聚，恐怕也有不少当面玩手机的情况吧？

3. 对比分析，发现问题

引导：传承千年的中秋节走到今天，你有什么感觉？

学生1：人们不重视中秋节了，传统习俗渐渐被人们淡忘了。

学生2：中秋节和平常日子没什么两样。

小结：中秋节的节味儿变淡了！

4. 提出核心问题

引导：为什么中秋节的节味儿变淡了？（板书课题）下面我们一起来找寻节味儿变淡的原因。

设计意图：通过观看视频、开展问卷调查进行对比分析，建立历史和现实的联系，引导学生发现问题。

（二）分析中秋节节味儿变淡的原因

1. 小组讨论，用关键词梳理出中秋节节味儿变淡的原因

引导：下面就请你和小组同学交流，共同找出中秋节节味儿变淡的原因。下面是小组讨论的要求。

（1）找寻节味儿变淡的真正原因。

（2）用关键词梳理出大家一致认可的原因，写在彩纸条上。

（3）围绕关键词，解释、说明节味儿变淡的原因。

小组展开讨论，梳理节味儿变淡的原因。

2. 全班交流中秋节节味儿变淡的原因

（1）小组汇报：粘贴关键词，呈现多种原因，并说明理由。

引导：哪个小组来分享你们讨论的结果？请围绕关键词说明节味儿变淡的理由。

学生：我们的关键词是"工作忙"。现在过节，很多人都是回到家边吃月饼边工作，即使是在假期中，也在忙工作。

（2）其他小组补充：粘贴关键词，并说明理由。

引导：其他小组找到的原因有与他们不一样的吗？

学生1：我们的关键词是"不了解文化"。人们不知道在中秋节要干什么，都有什么习俗，认为中秋节就是回家吃月饼。

学生2：我们的关键词是"习俗少了"。有些习俗没有传承下来，习俗少了，节味儿也就变淡了。

设计意图：学生从已有认知中选择与中秋节相关的要素，陈述节味儿变淡的原因，突出实证意识。写出关键词是提炼信息的过程。依据关键词说明理由，能提升学生组织、解释、交流信息的能力。

（3）分类概括：将孤立的信息片段结构化。

①提问引导，进行呼啦圈分类。

引导：通过小组学习，我们找出了这么多理由，怎样将这些理由按照一定的规则组合在一起呢？我给大家带来了一个玩具，大家看这是什么？（出示呼啦圈）让呼啦圈帮助我们将这些关键词进行分类。

②分析典型关键词，找到上位概念。

◈哪些原因应当放在一起？为什么？

◈针对典型的信息进行提示：这两个原因可以放在一起吗？为什么？
◈教师根据学生的独立分析，帮助学生梳理出上位概念。
上位概念1：不了解中秋节传统文化是中秋节节味儿变淡的根本原因。
上位概念2：现代生活方式的冲击是中秋节节味儿变淡的直接原因。
③分析其他关键词，找到下位概念。
引导：我们能不能也按照这样的角度将其他关键词进行分类呢？（其他关键词：留守儿童；放假短；城市；物质丰富；活动少，缺少趣味；月饼……）引导学生将这些关键词逐一归入下位概念，并说明理由。
设计意图：将复杂问题依据不同角度进行归类，引导学生参与知识建构的过程，将孤立的信息片段结构化。通过上位概念学习，提升概括能力；通过下位概念学习，提升演绎能力。在概括和演绎的过程中，学生的思维能力得到了提升。

（三）总结归纳中秋节节味儿变淡的根本原因及直接原因

小结：经过探究，我们找到了中秋节节味儿变淡的原因，即不了解中秋节传统文化是中秋节节味儿变淡的根本原因，现代生活方式的冲击是中秋节节味儿变淡的直接原因。怎样解决现代生活中的问题，让中秋节传统文化适应现代生活的需求，使中秋节节味儿在现代生活中浓起来呢？下节课我们接着讨论。
设计意图：总结本节课的学习内容，引出下一课时的学习内容。

（四）找回中秋节的"味道"

1. 唤醒感知，提出任务
引导：前面一节课，我们对中秋节进行了深入的了解。你觉得中秋节是一个什么样的节日？思念是中秋节的"味道"，温馨是中秋节的"味道"，团圆是中秋节的"味道"。然而，如今中秋节的"味道"却渐渐变淡了，那么我们该如何让中秋节的节味儿浓起来？这节课，让我们从最具中秋节特色的"月饼"入手，找回中秋节的"味道"。
设计意图：通过回顾之前所学，唤起学生对中秋节美的感知，提出学习任务。

2. 创设情境，引发价值冲突
引导：你一定吃过月饼，你喜欢吃什么口味的月饼？这样的月饼你见过吗？（播放《创意月饼》视频）你怎么看待创意月饼？你认为传统月饼需要改良吗？

设计意图：创意月饼不仅是近年中秋节出现的热点现象，也十分贴近学生生活。教师从学生熟悉的生活出发，依托"中秋月饼"这个具象化的载体，引发学生对"如何传承节日文化"这一社会热点问题的思考。教师在视频中特意为学生展示了多种多样的月饼，不同的月饼实际代表的是不同的价值选择，通过提供多元价值，引发学生的思考。

3. 观点交锋，建立兼顾传统与创新的概念

（1）第一次讨论。

引导：我们这里有5个数字，代表了5种选择，"1"代表不需要改变，数字越大，代表改变的程度越大。请做出选择。

教师：你为什么选这个数字？请说说你的观点。

学生1：（选择1）我认为传统不应该被改变，老祖宗留下的传统，不应该在我们这一代被改变。

学生2：（选择2）现在的人不太爱吃传统月饼，可以稍做一些改变，但是不能改得太过分。

学生3：（选择3）现在科技都发展了，改变更能得到大众的认可，不能改得太少，也不能改得太多。

学生4：（选择4）现在大部分人已经不爱吃传统月饼了，因此应该改变。而且月饼从以前到现在也改变了很多，为什么现在就不能变了呢？但是变的同时要保留一点儿传统的元素。

学生5：（选择5）时代在发展，不能停留在以前，要大力改良。

设计意图：理性思维不应在"是"与"非"之间缠斗，而应是通过实证进行理性判断。此处在传统与创新两个概念间设置了5个数字，每个数字的背后都暗含着一种价值选择，这是为学生建立了一个"全景立场"，使学生意识到现实中的事物并不是非此即彼的，在"是"与"非"之间还有着广阔的彩色空间，引导学生在多元价值的选择中进行更加客观和理性的判断。第一次选择旨在引导学生建立对传统与创新两个概念的初步感知，进而初步学会用理由说明观点，学会听取别人的想法。

（2）第二次讨论。

引导：听了同学们的观点，你觉得他们说的有道理吗？下面进行小组讨论，做出第二次选择，可以改变之前的立场。

设计意图：能够吸纳他人立场中的合理观点，是形成审辩式思维的标志之一。在个人选择后进行第二次选择，实际是在小组讨论中让学生懂得"兼听则

明"的道理。学生在与他人的交流中，学会听取和吸纳别人合理的意见，并以此修正或改变自己的观点，进一步明确传统与创新的概念。这既是同化与顺应的过程，也是学生审辩式思维一步步形成的过程。

（3）第三次讨论。

引导：你为什么改变观点？说说你改变的理由。请用中秋节的相关知识有理有据地说明你的观点。

学生6：我的选择从3变成了5。因为月饼从出现到现在也是在不断变化的，为什么到我们这一代就要停下呢？如果不改变，原地踏步的话，更容易被人遗忘。现代人喜欢更有新意的东西，因此我觉得需要变化。

学生7：我的选择从3变成了1。月饼不能改，月亮是圆的，月饼也是圆的，如果改成小刺猬之类的形状，就完全把月饼的意义改变了。还有一点，像传统月饼的五仁馅儿有很多寓意，代表了五行、五方、五色、五福。这么多含义，现在的月饼有吗？故而月饼不能改。

学生8：月饼所象征的团圆寓意不能改变。我们现在说的传统月饼也是在之前的月饼基础上创新来的，因此我觉得要创新，但是不能改变它的寓意。

（4）挑战性问题。

①固守传统，中秋节的节味儿就会浓了吗？

②如果一味地满足人们的需求，节味儿就能浓了吗？

小结：正如大家所说，节日需要创新，但不是没有底线的创新。对美好生活的追求、对团圆的期盼，是中秋节的价值所在，我们应在传承这种文化内涵的基础上进行创新，如此才能找回真正的中秋节"味道"。

设计意图：第三次全班讨论，进行观点的碰撞交锋，引导学生运用证据说明自己的观点，学会理性判断。找到解决"如何传承节日文化"这一问题的方法，即在传承文化内涵的基础上进行创新，在解决问题过程中实现突破。

4. 运用概念，解决问题

（1）设计"我"的创意月饼。

引导：如果让你来设计一款创意月饼，你想怎么设计？（出示故宫月饼）这是今年中秋节故宫推出的一款月饼，你觉得这种创意怎么样？（学生回应略）

总结：这款月饼就是在保留中秋节文化内涵的基础上，巧妙地改变了月饼的形状、颜色、味道，以便更符合现代人的需求。虽然月饼改动较大，但我们依然能感受到浓浓的中秋节"味道"，因此传统节日的发展方向在于：在传承文化内涵的基础上进行有灵魂的创新。

（2）过一个有"味道"的中秋节。

引导：中秋节不仅有吃月饼的习俗，还有很多其他习俗。你想设计什么样的中秋节创意活动，让中秋节的节味儿更浓呢？说说你的想法。

总结：让我们行动起来，把这些想法细化，进而变成现实，一起过一个有"味道"的中秋节！

设计意图：通过三次讨论，学生建立了传统与创新的概念，而本环节是利用学生刚刚形成的上位概念进行下位学习，找寻解决方案。通过头脑风暴式的创意活动设计，引导学生在构想设计、讨论设计、优化设计的过程中，进一步强化兼顾创新与传统的概念，同时在活动方案设计中加深对中秋节团圆文化的理解，增强文化认同。

（五）过一个有"味道"的中秋节

一年又一年，中秋话团圆。欢迎来到"我们的节日——中秋节"之"过一个有'味道'的中秋节"活动现场。

1. 回顾活动，创设情境

引导：同学们，通过之前的学习，我们了解了中秋节的文化价值，并制作了中秋节文化展板。之后，我们通过调查分析，发现现在"中秋节节味儿越来越淡了"，并找到了原因。为了找到让节味儿变浓的方法，每个小组都策划了一个中秋节活动方案，并在课前做了很多准备。今天，就让我们行动起来，一起度过一个有"味道"的中秋节吧！

设计意图：通过回顾所学，唤起学生对中秋节美的感知，营造浓厚的中秋节节日气氛。

2. 全班交流，汇报成果

引导一：今天一走进教室，老师就觉得特别有过节的氛围，你们发现了吗？现场挂了许多花灯，这是哪个小组的成果？

学生活动：花灯组的学生依次介绍自己制作的创意花灯，全班学生一起感受花灯图案中的中秋节"味道"。

引导二：漂亮的花灯为我们的中秋节增添了"味道"！你还想怎样布置我们的现场呢？

学生活动：柚子灯小组汇报，介绍自己设计的柚子灯图案中的中秋节元素并举行柚子灯创意设计比赛。

引导三：玩"兔儿爷"赏花灯，拜月瓜果表心愿。这样的中秋节有"味道"！中秋节的活动离不开"月"，中秋节美食也与"月"有关。

学生活动：拜月台组的学生向大家介绍拜月台上各种水果的吉祥寓意，送出祝福。

引导四：过节怎么少得了孩子的欢笑呢？看，这组同学拿着什么来过节了？

学生活动：创意月饼组的学生向大家介绍自己制作的创意月饼，并邀请大家品尝，共同度过一个有"味道"的中秋节。

引导五：这组同学怎么这身打扮来参加我们的节日盛宴了？

学生活动：情景剧组表演《嫦娥奔月新编》。

设计意图：学生分别展示中秋节的创意活动，并结合中秋节的元素阐述其保留了怎样的文化内涵，怎样根据现代人的需求进行创新。这一环节能够反映学生对中秋节团圆文化内涵及如何对传统节日进行传承与创新的理解程度。

3. 丰富认识，总结全课

引导：你们知道吗，中秋节不仅是我们的节日，还有一些国家也过中秋节呢！外国人怎样过中秋节呢？（播放视频）看完视频，你有什么感受？（学生回应）中秋节，历经千年而不衰，而今也获得一些其他国家的喜欢，这是为什么呢？

学生：中秋节是属于中国的，但它的美好寓意是可以让全人类共享的，世界各地的人们都渴望团圆，它承载着人类向往美好的感情。

总结：中秋节不仅承载着中华民族的思想精华和文化血脉，更是我们国家在世界舞台上展示文化的重要载体。绵绵的爱意与浓浓的祝福，都凝结在这个中秋月圆的时刻。每个人都有责任把我们的节日过好，把中国传统节日文化传承下去。在保留传统的基础上，结合现代技术创新，让我们的传统节日代代传承、走向世界！

设计意图：让学生了解中秋节对其他国家的影响，感受到中秋节的文化内涵得到了许多国家人的认同，从内心产生对中秋节的文化认同，树立文化自信。

▶▶ 第五节　可爱的动物

一、教学目标

（1）能说出喜欢的动物。
（2）发现动物的可爱，喜欢和动物交朋友。
（3）分享"我"与动物的故事。
（4）感受动物对人类的智慧启迪。

二、教学重点

能说出喜欢动物的理由，发现动物的可爱。

三、教学难点

分享"我"与动物的故事，了解动物对人类的智慧启迪。

四、教学流程

（一）课前活动：唱动物歌曲，引入小狗毛毛

教师：（播放《虫儿飞》歌曲）同学们会唱吗？我们一起唱吧！
教师：除了《虫儿飞》，你们还会唱哪些动物歌曲？（师生共唱动物歌曲）
教师：今天，我们教室来了一位特殊的客人，它是谁呢？（小狗毛毛自我介绍）
教师：毛毛不但要和我们一起学习，一会儿还会考考大家，看看大家学得好不好。你们有信心接受挑战吗？
学生：有信心！
教师：毛毛会在屏幕的左上角陪着我们学习。大家准备好了吗？上课！

（二）图片导入，激发兴趣

教师：动物王国正在举行一场盛大的音乐会，大家看看，都有哪些动物来参加啦？（课件展示动物王国图片）

学生：（踊跃回答）刺猬、猫头鹰、小狗、兔子、狼、小猫、小野鸭、长颈鹿、小熊、小狐狸……

教师：除了图上这些动物，大家猜猜，还有哪些动物也来参加呢？

学生：水鸟、蝴蝶、孔雀、狮子、老虎、鹦鹉……

教师：好多动物都来参加音乐会啦，同学们知道的动物真多！你们喜欢它们吗？

学生：（齐声）喜欢。（板书：喜欢）

设计意图：通过展示动物王国的图片，让学生说说自己熟悉的动物，增强学生与动物的共在感，培养学生对动物的喜爱之情。

（三）活动探究，走近动物

1. 我喜欢的动物

（1）说一说喜欢的动物。

教师：看来大家都喜欢动物，那么毛毛想知道，你喜欢的动物是什么呢？你能说出喜欢它的理由吗？（出示 PPT，呈现具体要求）

学生1：我喜欢小兔子，因为小兔子蹦蹦跳跳真可爱，两只耳朵竖起来。

教师：嗯，你说的小兔子太可爱啦。

学生2：我也喜欢小兔子，因为小兔子的毛很柔软。

学生3：我也喜欢小兔子，我抱着它的时候，它会用红红的眼睛看着我，很温顺地靠在我怀里。

教师：你真是个有爱心的小姑娘，温顺的小兔子也真令人喜欢。

学生4：我喜欢小鱼，因为小鱼可以在水里欢快地游来游去。

学生5：我很喜欢小狗，因为小狗很乖，最听我的话了。

学生6：我喜欢蜗牛，因为蜗牛身上具有勇往直前的精神。

学生7：我喜欢老虎，因为老虎是山中之王，很威风，它的牙很尖。

教师：同学们都介绍了自己喜欢的动物，有的同学喜欢动物的样子，有的同学喜欢它的动作，还有的同学喜欢动物的精神。总之啊，动物让我们喜欢，就是因为动物太——

学生：（齐声）可爱。

教师：是啊，它们是可爱的动物。（板书：可爱的动物）

（2）演一演喜欢的动物。

①看范例，懂方法。

教师：有一名叫东东的男孩子特别喜欢一种动物，但是他不直接告诉大家喜欢的是什么动物。（出示 PPT：呈现小男孩模仿燕子姿态的图片）你能根据东东的动作说出他喜欢的是什么动物吗？

学生 1：东东的动作有一点点像小鱼。

学生 2：我觉得东东喜欢的动物是燕子。

学生 3：东东模仿的动物是孔雀。

教师：看来大家猜的各不相同。东东为了让大家准确地了解他喜欢的动物，还编了一则谜语。（出示课件）"什么尾巴像剪刀，在南方过冬？"

学生：（齐声）燕子。（教师课件展示飞来的燕子）

教师：老师想问问同学们，小男孩为了让大家知道他喜欢的是燕子，用了什么办法？

学生：动作加谜语。

教师：动作配谜语来猜喜欢的动物，真是个不错的办法。你们还知道其他特别的办法吗？

学生：可以模仿动物的叫声。

教师：同学们真善于动脑筋，想出的办法真好。

②我模仿，你来猜。

教师：下面，我们来做一个游戏，游戏的名称是"我模仿，你来猜"，规则是：两个人一组，一个人用手势比画或模仿动物叫声，另一个人来猜，看看谁会是最佳搭档。你们有信心吗？

学生：（信心满满）有！

（第一组同学上讲台）

学生 1：（做手影动作）请你猜猜这是什么动物的影子？

学生 2：鱼儿。

学生 1：不对，这种动物是小狗。

（学生 1 比画第二个动作）

学生 2：螃蟹。

学生 1：是啊，这种动物是生活在水里的螃蟹。

（师生鼓掌）

学生 2：（动作演示）现在，你看看我的手影动作，这种动物的叫声是汪汪汪，你猜猜是什么动物？

学生 1：小狗。

教师：谢谢两位同学，他们配合得还不错。哪一组同桌再来试试？（请第二组同桌）

学生3：（模仿叫声）喵喵喵。这是什么动物的叫声？

学生4：小猫。

学生3：（模仿老虎的动作）这是什么动物的动作？

学生4：老虎。

教师：真厉害呀！现在你（学生4）来考考她，你（学生3）也要接受挑战哦。（学生4模仿，学生3猜）

学生4：哞哞——这是什么动物呢？

学生3：是牛。

教师：谢谢你们的表演，真是默契的搭档啊！下面请同桌互相演一演。（同桌之间一个模仿另一个猜）

（3）连一连喜欢的动物。

教师：同学们，毛毛看到你们玩得这么开心，觉得大家对动物的了解真不少。它现在要考考你们了。请看屏幕，左边是有关动物的谜面，右边是五种动物名称，看谁能把谜面和对应的动物连起来。（PPT出示文字和图片）

教师：叫猫不抓鼠，像熊爱吃竹。摇摆惹人爱，是猫还是熊。

学生：（齐声）熊猫。

教师：耳朵像蒲扇，身子像小山。鼻子长又长，帮人把活干。

学生：（齐声）大象。

教师：此物生得怪，肚子长口袋。宝宝袋中养，跳起来真快。

学生：（齐声）袋鼠。

教师：哇，毛毛看大家连得又准确又快，知道你们了解和喜欢动物，非常开心，给大家点赞来啦！因为有各种各样动物的存在，我们的生活才变得丰富多彩，所有的动物都是地球大家庭的成员，它们跟我们人类一样，拥有宝贵的生命。它们的存在对维持大自然的生态平衡有着重要的作用。

设计意图：通过交流，增强学生喜欢动物的情感，让孩子感受到由于各种动物的存在，我们的生活才变得更加丰富多彩。

2. 我和动物的故事

（1）讲一讲动物朋友的故事。

教师：我们刚才介绍了自己喜欢的动物，现在来看书上的这个小女孩，她喜欢——（PPT出示图片）

学生：（齐声）小猫。

教师：她还有跟小猫开心的故事和大家分享。谁来读一读？（PPT 出示文字）

学生：（读课件上的文字）我每天都和院里的小猫玩，给它吃的。它一看到我，就跑过来对我喵喵叫，像是在和我说话。

教师：读得真好！从你的朗读中，我们可以感受到，小女孩非常疼爱小猫，每天回来都照顾小猫，而小猫也喜欢小主人，他们是一对好朋友。（板书：好朋友）

教师：老师相信同学们一定和小女孩一样，与喜欢的动物成了好朋友，有开心的故事和大家分享。对不对？下面我们来讲故事，大家拿出课前准备的动物照片、图画或头饰，在小组里面展示，同时把你与动物朋友开心的故事跟小组同学分享一下。

（学生带上自己准备的动物图片、照片、剪贴画或头饰，讲述自己与动物相处开心的故事。教师帮忙投影展示、评价，帮助学生将动物图片贴在黑板上。）

教师：刚才大家和小组同学讲了自己和动物之间开心的故事，看到同学们讲得这么热烈，老师相信，你们的故事一定很有趣。谁先来分享一下呢？

学生 1：（播放自己录制的喂金鱼的视频）我家里养了五条小金鱼，有蓝色的、白色的，也有红色的。它们是我过生日的时候妈妈送给我的礼物。我一回到家里，就跟它们说话，给它们喂食。每次它们看到我，都摇着尾巴围过来，我就给它们讲学校里开心的事儿。

教师：让小鱼儿分享你的开心事儿，小鱼儿有你的照顾，一定也很开心、很幸福。让我们把掌声送给她。谁继续来分享故事？

学生 2：（戴上小鸟的头饰）以前，我在老家读书的时候，和妈妈一起上山采茶，看到茶叶上有虫子。我问妈妈怎么办，妈妈告诉我，可以请小鸟来帮忙。于是，我就听小鸟叽叽喳喳地唱着歌，看它们帮我们把茶园的虫子吃光了。小鸟是我老家茶园的小英雄，是我的好朋友。

教师：小鸟为我们家乡生态茶园的建设立了大功，让我们向小鸟"医生"致敬！

学生 3：我家里养了两只小乌龟，每天我放学回去的时候，小乌龟都会伸伸脑袋，好像在说："主人，欢迎你回来。"我就开心地和它们玩儿。

教师：谢谢富有爱心的你！

学生4：我外婆家有一群小鸡，我一去外婆家，它们就飞快地跑过来，叽叽地叫着，好像在叫我给它们食物吃。我拿了谷子"咕咕咕"地叫唤，它们会边吃边看着我，好像在说："谢谢你，小主人！"

教师：看得出来，你和小鸡也成了好朋友。谢谢你的分享！

（2）看一看动物朋友的故事。

教师：同学们分享了自己和动物朋友们开心的故事，老师也有一个故事要跟大家分享，大家请看。（放映《老人与海鸥》的视频）

教师：同学们看得非常专注，老师知道，你们看了视频，一定有话要说，谁先来说？

学生1：老人很喜欢海鸥，为了海鸥每天走很远的路来给它们喂食。

学生2：海鸥也喜欢老爷爷，老爷爷去世后，海鸥围着老爷爷（的遗体）不愿意离开。

学生3：我喜欢海鸥，也喜欢老爷爷，这个故事太让人感动了！

教师：是啊，这是一个真实的令人感动的故事。不仅是海鸥老人，我们所有的同学，还有更多的人们，就像海鸥老人这样，喜爱动物，关心动物，照顾动物。而动物，也给了我们人类无数的快乐和感动。因此说，动物是我们的好朋友。

设计意图：学生通过讲述自己与动物开心相处的故事，以及观赏视频，感受到人类喜爱动物，而许多动物也热爱人类的情感。动物与人类共同生活在地球上，是我们的好朋友，世界因为人类能与动物和谐相处而更温暖、更可爱、更美丽。

3. 向动物老师学习

（1）议一议人类的好老师。

教师：动物不仅是我们的好朋友，还是我们的好老师。（板书：好老师）请同学们看书上这几幅画，看看能发现什么？谁来说一说？

学生1：我看到人们学着青蛙在水里游。

教师：你知道这种游泳姿势叫什么吗？

学生：（齐声）蛙泳。

教师：那你们学过蛙泳吗？（学生举手）

教师：聪明的人们向青蛙学习，创造了蛙泳。请继续汇报你们的发现。

学生2：潜水艇的样子像鱼一样。

教师：潜水艇的样子跟鱼相似，是人们根据鱼体内鱼鳔的作用来发明的。

学生3：人们根据鸟类的飞翔得到启发，制造了飞机。

学生4：人们从蛇的动作得到启发，创编了蛇拳。

教师：我们邻县永春县就有人练白鹤拳，还有猴拳……

（2）学一学人类的好老师。

教师：人们还根据动物的动作编制了舞蹈，你们知道吗？

学生1：（激动地）我知道，我会跳孔雀舞。

教师：你真能干。想不想给大家跳一支孔雀舞？

学生：好的。

（学生快乐地跳起了孔雀舞，师生不由自主地鼓起掌。）

学生2：（着急地）老师，螳螂也是我们的好老师。

教师：螳螂教我们什么？

学生2：螳螂教我们怎么用镰刀。

教师：谢谢你的分享，你知道的可真多啊！那你是怎么知道的呢？

学生2：我爷爷告诉我的。

教师：询问有经验的人是学习的好方法。动物给了我们无数启发，希望同学们课后能认真地去观察动物，争取当个小小的发明家，也发明更多更好的新产品。

设计意图：让学生感受到可爱的动物既是我们的好朋友，也是我们的好老师。它们不仅给我们带来了很多快乐，还给了我们很多启发，生活中要留心观察身边的动物，了解它们的特点，争当"小小发明家"。

4. 课堂总结，引领生活

教师：这节课我们快上完了，毛毛想知道同学们有什么收获。谁先来汇报？

学生1：我对动物有了更多的了解，也更喜欢动物了。

学生2：我觉得有动物朋友很开心。

学生3：动物是人类的好老师，我们要多向动物学习。

学生4：毛毛教我们要爱护动物。

教师：（竖起大拇指）你们的收获可真大！

教师：来听听毛毛是怎么说的吧！

（课件出示文字，播放录音：小朋友们，大家能够在上课前做好准备，上课时认真听讲，积极活动，真正了解了我们动物。看来大家收获真不少！那就奖励自己五颗小星星吧！）

教师：来，同学们，给自己点个赞，鼓鼓掌吧！这节课我们学习了可爱的动物，但是怎样才是真正喜欢动物，和动物相处的过程中要注意哪些问题，我们下节课再来学习。

教师：下面看看老师给大家留的课外活动作业（点击课件出示文字）：观看中央电视台《动物世界》栏目视频，了解更多的动物知识。

教师：这节课我们就上到这里，同学们下课！

学生：老师再见！

设计意图：通过课堂总结、课后作业，引领学生进一步关注动物、了解动物，进一步增强学生善待动物、珍爱生命的意识，坚定与动物共生共存的信念。

》》 第六节 地球——我们的家园

《道德与法治》六年级下册第二单元第4课"地球——我们的家园"由"我们生存的家园""环境问题敲响了警钟"两个主题组成。

第一个主题首先让学生了解地球，地球为人类生活提供了所需的空间、环境和资源等，然后体会地球的不可替代性，最后引出人与自然和谐相处。

第二个主题提出随着人口的增长和人类需求的增加，地球越来越不堪重负，地球出现了资源短缺、环境污染和生态破坏等问题，并通过相关图片，说明破坏环境的后果。

地球是一个美丽的星球，也是我们生存的家园，但地球的生态环境面临着重大的挑战。作为地球的一员，我们有义务了解我们生活的地球，了解人类对地球的依赖。

一、教学目标

（1）初步养成珍惜地球资源、保护地球环境的行为与习惯。

（2）知道地球是目前已知的唯一有生命存在的、适宜人类生存和发展的星球。

二、教学重点

知道地球是目前已知的唯一有生命存在的、适宜人类生存和发展的星球。

三、教学难点

初步养成珍惜地球资源、保护地球环境的行为与习惯。

四、教学过程

（一）激趣导入

（1）播放《地球的介绍》视频。

（2）教师：看了刚才的视频资料，你了解了什么？

（3）教师：浩瀚的宇宙中有着各种各样的星球，但是有一颗很特别。蔚蓝色的它或许是茫茫宇宙中唯一有大量生命繁殖、有着人类文明的星球，它就是我们生活的地球。地球是一个美丽的星球，它是我们人类和其他生物赖以生存的、美丽可爱的家园。

（4）揭示课题：地球——我们的家园。

（二）新知探究

1. 我们生存的家园

（1）认识人类赖以生存的星球——地球。

①通过图片欣赏壮美的祖国山河。

②说一说：看了这些图片，你有什么感受？

③教师：茂密的森林、奔腾的江河、缤纷的花草、可爱的或凶猛的飞禽走兽……这一切构成了可爱的地球王国。人类依靠地球赋予的自然之物生存或繁衍，我们应该爱护珍惜这些资源。

④思考：如果离开地球，人类还能生存吗？

◈学生交流课前收集到的资料（见表4-2）。

表4-2　月球和火星的温度、氧气和水情况

名称	温度/℃	氧气	水
月球	−173～127	无	无
火星	−125～20	极少量	极少量

◈进行资料展示。

◈学生思考：在这样的环境里我们能生存吗？学生谈谈感受。

⑤教师小结：在太阳系中，其他星球没有具备地球产生生命的一些条件，

因此也就很难有生命。地球是目前已知的唯一有生命存在的、适宜人类生存和发展的星球，因此我们要懂得珍惜地球资源，珍爱地球为人类生存创造的条件，爱护地球家园。

（2）人与自然和谐相处。

①欣赏人与自然和谐相处的相关图片。

②教师引导学生了解以下内容。

◈人在屋中居，屋在水中游：中国乌镇随处可见依河而建、枕水而居的小桥流水人家。

◈河流—山峰—草原—森林：蔚蓝色的青海湖，高耸入云的山峰，无边的草原，茂密的森林……

③教师小结：地球孕育了人类，提供了人类生存的自然环境。自古以来，人类就在用自己特有的方式与自然环境和谐相处。

2. 环境污染

（1）观看地球被污染的视频及图片。

（2）思考：这些图片分别反映了哪些方面的环境问题？这些问题会带来哪些危害？

（3）思考：面对日益突出的环境问题，我们应该做些什么？

（4）教师小结：近百年来，随着人口的增长和人类需求的增加，地球越来越不堪重负。生物赖以生存的森林、湖泊、湿地等正以惊人的速度减少，煤炭、石油、天然气等不可再生能源因过度开采而面临枯竭，化石燃料排放的大量温室气体导致全球气候变暖……地球出现了资源短缺、环境污染和生态破坏等问题。如果人类不能尊重自然，不珍惜默默奉献的地球而随意破坏，必将会受到大自然的惩罚。那是人类可能无法承受的后果。

（三）拓展延伸

根据自己收集的人类不当行为伤害地球环境的资料，以地球的口吻，写一段文字或画一幅漫画，表达对这些行为的批评。

（四）总结

世界上只有一个地球，如果它被破坏了，我们别无去处；如果地球上的各种资源都枯竭了，我们很难从别的地方得到补充。因此，我们要精心保护地球，保护地球的生态环境，让地球更好地造福我们的子孙后代。

>> 第七节　请到我的家乡来

一、教学目标

（1）能运用简单的地图知识，了解自己家乡所在省级行政区的位置，增进对家乡的认识。

（2）通过不同的途径了解家乡的自然、人文环境。

（3）学生通过调查收集活动，学会运用观察、访问、查找资料、绘画等方式去探究和解决问题。

（4）感知家乡的美，激发学生对家乡、对祖国的热爱之情。

二、教学重点

通过开展"小导游"活动，增进学生对家乡的了解，扩大学生的认知范围，激发学生对家乡、对祖国的热爱之情。

三、教学难点

对地图相关知识的学习。

四、教学过程

（一）猜一猜——我的家乡在哪里

1. 环节目标

借助教材图例，激活学生已有经验，让学生从多角度了解与自己家乡相关的信息。

2. 教学内容

（1）猜谜导入新课。

（黑板上出示"猜"字）教师：同学们，看看这是什么字？今天我们要来进行一场猜谜大会，猜什么呢？有几名同学要介绍他们的家乡，你能通过他们的描述，猜出这几名同学的家乡在哪里吗？我们先使用翻翻卡来揭示前两个谜语。

（2）展示课件。

学生1：我家乡电话号码的区号是010，猜猜我的家乡在哪里？

学生2：我家乡的简称是"苏"，同学们，你们猜猜，我的家乡是哪里呢？

教师：我们继续往下猜！平板电脑上有两道题目，大家猜猜看答案选哪一个？

学生3：我的家乡有美丽的漓江，那里景色真美，猜猜这是哪里？

学生4：紫荆花是我家乡的区花，同学们，赶紧来猜猜我的家乡吧！

教师：你们通过观察生活中的细节就能猜出他们的家乡在哪里，现在请同学们来观看这段视频（播放教师家乡的视频），大家能不能猜出我的家乡在哪里呢？（板书：猜家乡）

同学们真棒，眼睛看着我，骄傲地眨一眨，大多数同学看到这些熟悉的场景之后都能猜出来，我的家乡在陕西。

教师：通过刚才的谜语，我们知道了可以从家乡的区号、家乡的简称、家乡的著名景点，以及地标建筑来了解自己的家乡，那么还可以从哪些角度来了解自己的家乡呢？（学生答）

教师：我们还可以通过家乡的物产、方言、习俗等角度来了解自己的家乡。（板书：多角度）

教师：同学们，你们能出一道这样的题，让大家猜猜你的家乡在哪里吗？

教师：同学们都想好了吗？请同学们来给我们出谜语。猜到的同学请举手回答，看看谁的反应最快？

教师：从同学们的谜语中，我们知道了大多数同学的家乡都在——

学生：陕西。

教师：因为家乡是我们每个人长期生活和学习的地方，这里的一山一水、一草一木，都是那样的亲切、熟悉。陕西那么美，有几名外地的小游客已经迫不及待想来我们陕西观光旅游了，接下来就让我们作为陕西的小主人向他们介绍这里的风景名胜和城乡美景，好不好？

设计意图：以猜谜语的方式导入新课，首先使用平板电脑上翻翻卡的功能出示教材中的前两个谜语，让学生抢答，凸显学生的个体差异。然后借助平板电脑互动出题，出示教材上的后两个谜语。最后让学生结合自身经验猜老师的家乡，学生自己出谜语让其他同学猜其家乡，得出一个结论，这个班大多数学生的家乡在陕西。本节课的话题紧紧围绕陕西展开，学生通过猜家乡，多角度地了解了自己的家乡。

（二）找一找——我的家乡在这里

1. 环节目标

学生能运用简单的地图知识，了解自己的家乡所在省级行政区的位置，找到自己家乡的"邻居"，同时能描画家乡的模样。

2. 教学内容

教师：要想当好小导游，咱们得了解清楚家乡的准确位置。今天，我们就从认识地图开始来认识自己的家乡。（课件出示中国行政区划图）

教师：同学们看，这是我们中国的行政区划图，行政区划也就是国家对行政区域的划分，我们中华人民共和国有34个省级行政区域，包括23个省、5个自治区、4个直辖市和2个特别行政区，大家先简单了解一下。同学们看中国地图的形状像什么呀？

学生：像一只昂首阔步的大公鸡。

教师：很形象吧！接下来，请同学们来看下面的学习要求。

（1）请大家在教材第43页的中国行政区划图上找出自己家乡所在的省级行政区。

（2）试着找一找你家乡的邻居。

（3）描一描它的轮廓，想象它像什么。

教师：首先请同学们自学第一个问题，接着和同桌交流第二个问题，第三个问题我们一会儿再来完成。（给大家一分钟的时间，倒计时开始。）

（板书：看地图）

教师：你能在图中找到自己所在的省级行政区吗？我们请一名同学上台来指一指自己的家乡在哪里。

教师：谁知道陕西省在祖国的什么位置？

学生：陕西省在中国的偏西北部，属于西北地区了。

教师：同学们睁大你们的眼睛，找一找陕西省周围都有哪些邻居？

教师：接下来请同学们仔细地观察一下陕西省的形状像什么呢？

（学生举手发言）

教师：我们一起来看看陕西省地图的形状像什么？大家看，陕西像不像一个跪着的兵马俑呀？是不是非常相似？

下面，我们来画一画家乡的模样，在平板电脑上作画，按照白色的形状轮廓进行描摹。（板书：画家乡）

教师：画好了就可以提交！我们一起来浏览一下你们的画作。

设计意图：使用平板电脑上"计时器""互动—全班作答""平板上绘画"的功能，引导学生在中国行政区划图上找到自己家乡所在的位置、看看家乡周围有哪些邻居、描一描家乡的轮廓。学生利用地图找到了自己家乡所在的省级行政区和家乡"邻居"，初步感知家乡轮廓图，提升了基本识图的能力和画家乡地图的能力。

（三）夸一夸——我是家乡小导游

1. 环节目标

让学生在当小导游的活动中，增进对家乡自然风光和人文环境的了解，感知家乡的美。学生通过调查收集活动，学会运用观察、访问、查找资料等方式去探究和解决问题。

2. 教学内容

教师：通过刚才的学习，同学们对家乡有了初步的认识。每个人的家乡都是独特的，有着独特的自然风光和人文景观。现在，请你们来当家乡的小导游！这既能考验你们对家乡的了解程度，又能考验你们的知识面和口才。

教师：为了当好小导游，课前同学们收集了资料，在交流展示之前请大家看清楚要求。

组内交流：将自己收集到的资料介绍给小组内同学听。

全班交流：每个小组派代表上台介绍家乡最有特色的风光。（板书：当导游，夸家乡）

教师：时间到！大家都能积极地参与到交流活动中，真不错！下面就请小导游们来给我们介绍介绍美丽的家乡吧！（学生分享）

教师：听了他们的介绍，我觉得我更加热爱自己的家乡了。老师也给大家带来了一组陕西的美景照片，我们一起欣赏一下。咱们陕西的美景和发展成就如此耀眼，相信这些小游客们已经流连忘返了。感谢所有为我们分享的小导游们！

教师：你们真不愧是"金牌小导游"，老师要奖励你们每人一张奖状，请刚才的几名小导游上台领取。大家拿着奖状摆一个最好的动作，留下最美的一刻！准备好了吗？（老师用平板电脑拍照）

设计意图：采用平板上"互动—学生讲"的功能，课前让同学们收集了资料（如家乡风光照片、景点门票、家乡美景画、一段导游词、一段小视频或者有关家乡的传说等），并将资料上传到平板电脑。

课上先在小组内交流，然后请优秀小导游代表在全班分享展示，教师把讲台让给学生、把话语权让给学生，课上呈现了多维度的交流，教学效率明显提升。最后，使用平板电脑上的"实物展台"功能，让学生拿着奖状摆一个最好的动作，拍照留下最美的一刻。

这一环节增进了学生对家乡的了解和认识，感受到家乡之美，激发了学生热爱家乡的情感。

（四）课堂总结，升华情感

1. 环节目标

通过展示伟大人物对家乡的热爱之情，激发学生对家乡对祖国的自豪与热爱。

2. 教学内容

教师：今天小导游们让我们深深地领略了陕西之美，感受到一种浓浓的情感。这不仅仅是一种对家乡的热爱，更是一种发自内心的自豪和祝福。

教师：这段视频告诉我们，绿水青山就是——

学生：金山银山。

教师：那么作为小学生的我们应该怎么做呢？（学生答）是的，我们也要爱护家乡的山山水水，热爱家乡的美景，热爱家乡的物产，热爱家乡的父老乡亲。（板书：爱家乡）

教师：家乡那么美，一节课的时间不够，所以呢，老师希望你们在课后，详细去了解以下内容。

（课件出示课后活动：①用不同的方法调查、了解、收集家乡物产的实物、文字、照片等相关资料；②了解为家乡的建设作出贡献的人物及其事迹。）

设计意图：师生一起了解认识家乡的位置、特色、风景名胜之后，发现家乡的发展与每个人的努力息息相关。通过播放视频，让学生思考作为小学生应该怎么做，再分享感受。这样，学生爱家乡、爱人民、爱祖国的情感也自然得以升华。

》》 第八节　我参与，我贡献

一、教学目标

（1）知道公共生活中人与人相处需要平等相待、互相关爱。

（2）知道传递温暖要学会换位思考，尊重被帮助者的感受。

（3）知晓"一方有难　八方支援"让我们的社会更美好。

（4）了解国家、社会对弱势人群关爱的措施，知道帮助弱势群体需要多方合力。

二、教学重点

（1）知道公共生活中人与人相处需要相互尊重，树立平等相待、互相关爱的观念。

（2）知道帮助别人的同时要保护好自己。

（3）知道传递温暖要学会换位思考，尊重被帮助者的感受。

三、教学难点

了解社会对老年人和残疾人等弱势人群的相关法律规定，知道要依法维护弱势人群的相关权益。

四、教学过程

（一）新课导入

1. 环节目标

激发学生的学习兴趣。

2. 教学内容

（1）导入新课。

（2）介绍学习伙伴"小雨"。

（3）板书：友善相待。

（二）活动园一

1. 环节目标

（1）树立公共生活中人与人平等相待、互帮互助的观念。

（2）知道用多种方式帮助别人。知道帮助别人的同时，要学会保护自己。

2. 教学内容

（1）播放视频，初识"友善"。

（2）教师提问：餐馆老板为环卫工人送去的仅仅是早餐吗？学生讨论交流，体会餐馆老板对陌生人的善意。

（3）导入情境：小学生也可以为需要帮助的人送去温暖。让学生分小组讨论，全班交流如何帮助他们。

（4）课件呈现情境。

①去餐馆吃饭，服务员给我们上菜，我们可以……

②在公交车上遇到老人、抱孩子的乘客，我们可以……

③遇到问路的外地人，我们可以……

（5）教师发布判断题：你是否会为陌生人带路？学生用平板电脑答题，做出判断。

（6）播放"小雨的提醒"，提升自护意识。全班讨论交流，拓展帮助他人的思路。

（7）教师提问：还能用什么方式去帮助别人？然后播放视频《举手之劳》。

3. 媒体作用及分析

（1）《温暖》为原创视频，能为与文本对话创设情境，为"友善相待"奠定感性基础。

（2）运用"畅言智慧课堂"的现场答题功能，判断"能否为陌生人带路"。答题数据能帮助教师准确了解学情，决定教学策略。

（3）播放"小雨的提醒"，旨在增强学生的自我保护意识。

（4）《举手之劳》视频选自网络，意在拓展学生的助人思路，为"行"奠定基础。

（三）活动园二

1. 环节目标

知道传递温暖要学会换位思考，尊重被帮助者的感受。

2．教学内容

（1）情境导入：某社区正在开展爱心衣物捐赠活动，为此，居民们提出两种方案。同桌进行讨论交流。

（2）课件出示两种方案。引导换位思考：如果你是被帮助者，你更愿意接受哪种方案？

（3）利用平板电脑发布两种选项。学生用平板电脑答题，做出选择。

（4）出示"小雨的选择"，强调"充分尊重被帮助者的自尊心"。

（5）课件出示"爱心墙"，讲述居民们的选择。

（6）教师小结：友善之举需要换位思考，帮助别人要多些理解与尊重。

3．媒体作用及分析

（1）利用"捐赠衣物""爱心墙"等图片，创设情境，增强学生的"在场感"。

（2）运用"畅言智慧课堂"的现场答题功能，实现全员答题、全员互动；教师借助答题数据，了解学情，顺学而导。

（四）阅读角

1．环节目标

知晓在大灾大难面前，需要众志成城、守望相助。

2．教学内容

（1）情境导入：在大灾大难面前，个人的力量是有限的，我们需要众志成城、共渡难关。

（2）指名朗读《一方有难　八方支援》阅读材料。

（3）提问：听了这段资料，你有什么想说的？学生交流听后感受。

（4）教师小结。

3．媒体作用及分析

（1）借助图片创设情境，助力学生与文本对话。

（2）借助音乐渲染氛围。

（五）活动园三

1．环节目标

（1）了解国家、社会对弱势人群关爱的措施。

（2）了解"法律援助"，知道帮助弱势群体需要多方合力。

2. 教学内容

（1）导入：创设温馨有爱的和谐社会，还需要国家和社会在制度、设施方面提供有效保障。

（2）课件播放教材上的三条法律规定。

（3）提问：你发现这三条法律规定有哪些共同之处？

（4）播放"小雨的发现"。

（5）播放 Flash 动画《法律援助帮农民工维权》。

（6）引导交流：农民工叔叔借助什么渠道维护了合法权益？

（7）鼓励学生上网搜索，深层了解"法律援助"。学生小组合作，利用平板电脑上网查询词条"法律援助"。

（8）你还知道有哪些措施体现了国家对弱势群体的关爱吗？全班交流，知晓更多的国家帮扶措施。

（9）结合图片讲述"温暖瞬间"。

（10）教师总结。关爱弱势群体需要全社会共同努力。

3. 媒体作用及分析

（1）将教材上相关的三条法律规定转化为"文字+音频"的形式，意在拉近学生与文本的距离。

（2）"小雨的发现"意在帮助学生理解文本，知晓"弱势群体需要更多帮助"。

（3）Flash 动画选自"学习强国"，意在拓展文本外延，知晓更多国家帮助弱势群体的措施。

（4）用"畅言智慧课堂""词条搜索功能"自主学习，拓展认知。图片展示让"多方合力，关爱弱势群体"的主题更形象、更直观。

（六）回顾总结

1. 环节目标
回顾本节课的收获，鼓励学生践行友善。

2. 教学内容

（1）教师提问：学习这节课后你有哪些收获？请全班交流学习本节课后的收获。

（2）播放"小雨的号召"。

（3）教师总结。

≫ 第九节 从"白色污染"说起

四年级的学生处于从中年级向高年级的过渡期，已经初步具有保护环境的意识，对塑料给我们生活带来的便利和危害有初步了解，他们的认知也逐渐摆脱单向思维的特点，初步具备将外在的生活环境问题和自身生活联系起来思考的能力。

一、教学目标

（1）认识和了解塑料给人们生活带来的便利，以及塑料废弃品处理不当对环境造成的危害。

（2）引导学生在日常生活中增强环保意识，面对"白色污染"，提出合理建议，并能够采取行动减少"白色污染"。

二、教学重点

在教学中让学生了解塑料制品对环境的危害，并树立环保意识。

三、教学难点

围绕发现的问题探究原因和危害，提出合理建议。

四、教学过程

（一）导入新课

教师：同学们，我们来一起仔细观看一段视频。（播放视频）看完这段视频，你们有什么想说的？（学生回答）

教师：你们真善于观察和表达呀！是啊，塑料垃圾给人们带来了许多困扰，甚至被称为"白色污染"。这节课我们就从"白色污染"说起。（PPT出示课题）

设计意图：通过观看视频导入新课，能在第一时间给予学生视觉的冲击和心灵的震撼，让学生对本节课将要学习掌握的课堂知识有更为直观的认识和了解，激发学生的好奇心和学习兴趣。

（二）激情明理

1. 什么是"白色污染"

教师：你们知道什么是"白色污染"吗？哦，看样子，都不知道，没关系，我们一起再来看一段关于"白色污染"的视频吧！（播放视频）

教师：通过观看视频，同学们对"白色污染"有了进一步的了解。接下来，老师想考考大家，看看你们对身边的"白色污染"到底了解多少，老师将随机抽取两名同学进行挑战。

2. 找找"白色污染"物

开展相关游戏比赛。

设计意图：根据学生喜欢游戏的特点，设计紧张激烈的游戏比赛环节，既活跃了课堂气氛，又加深了学生对生活中"白色污染"的了解。

3. "白色污染"的危害

教师："白色污染"会给我们的生活带来哪些危害呢？让我们带着这个问题再来观看一段视频吧！（播放视频）

设计意图：在理解"白色污染"的基础上，以直观的视频让学生明白"白色污染"给人类和环境带来的危害。

教师：同学们，看完视频，再结合自己的生活实际，说说塑料垃圾给环境带来了哪些危害？

学生1：塑料垃圾会污染土壤。

教师：你对塑料垃圾带来的土壤污染了解得可真多呀！塑料垃圾在土壤中不断累积，会严重影响农作物吸收水分和养分，污染严重的土壤甚至会寸草不生！

学生2：焚烧塑料会污染环境。

教师：是啊！焚烧塑料垃圾会产生大量的有毒致癌气体——二噁英，对我们的身体危害极大！同时，它会污染我们的生活环境。

学生3：塑料垃圾会污染水源。

教师：你说的是水污染，塑料垃圾还会污染我们的水资源，严重影响水资源的利用。隔着屏幕，我们似乎也能闻到扑面而来的恶臭味。

学生4：塑料垃圾会对动物产生伤害。

教师：你真是个有爱心的孩子！塑料垃圾对动物的伤害也不小，这些动物多可怜啊！

设计意图：学生畅所欲言、各抒己见，教师因势利导、循循善诱，使学生对环境污染不容乐观的现状及其严重危害有了深刻的感受，为下面的学习做好情理上的铺垫。

教师：因为塑料垃圾产生的危害非常大，有人建议，我们干脆停止生产塑料。同学们，咱们设想一下，如果完全不使用塑料制品，我们的生活又会变成什么样呢？

学生 1：我们的玩具就不翼而飞啦！

学生 2：我们就再也不能看电视了。

教师：我们再来看看生活中的这些场景，如果医院里的这些塑料制品消失了，会怎样呢？我们听听医生怎么说。（播放课件）

医生：没有医疗器械的辅助，我不能快速、准确地判定病因，并及时给病人开药单，病人的病情就被耽误了。

教师：学校里的这些塑料制品如果消失了，又会怎样呢？听听这位老师的说法吧！（播放课件）

其他教师：没有这些教学设施的辅助，课堂教学将难以进行，学生的学习将受到严重影响。

教师小结：虽然塑料垃圾给环境带来许多危害，但是，我们的生活却离不开塑料。

设计意图：引导学生从日常生活切入，了解塑料给人们生活带来的便利，使其明白虽然塑料垃圾有害但不能停止使用塑料的道理。通过思辨，学生对"减塑"的认识水到渠成。

（三）制订方案

1. 小组合作交流

教师：怎样才能降低塑料对环境的污染呢？

学生：我们可以减少塑料的使用！

教师：说得可真好！你的这个想法我们称为"减塑"。其实，许多国家很早就提出了"减塑"这一理念，并颁布了很多与"减塑"相关的法律法规。

出示课件，让学生了解"减塑"的法律法规。

教师：为了保护我们生存的环境，减少"白色污染"，全世界的人都在努力。作为小学生的我们，能为"减塑"做些什么呢？请同学们小组合作相互交流。

计时 3 分钟！（开启计时器工具）

2. 学生汇报，教师随机引导

（1）减少使用。

小组 1：生活中尽量少使用塑料袋，如去超市购物时自己带帆布购物袋。

教师：你们小组有这么多切实可行的想法啊！我们可以归纳为减少塑料使用。生活中的这些塑料制品（出示课件），可以用环保物品替代。

（2）循环利用。

小组 2：喝完水的塑料瓶投入可回收物垃圾桶，进行回收循环利用。

教师：是的，循环利用确实很环保。如今，垃圾分类已经成为一种新时尚。现在，老师要给大家介绍一位新朋友。（出示"可回收物垃圾桶"课件）

教师模拟表演：大家好！我是可回收物垃圾桶，别看我身体小小，肚量却大大呢！生活中的废弃农用地膜、一次性餐具、塑料瓶，都可以装进我的肚子里，以待循环利用。

（3）变废为宝。

小组 3：我们可以把生活中的废弃塑料制品做成手工艺品。

教师：你们小组变废为宝的想法真新颖！接下来，请大家欣赏老师收集的作品（出示课件）。

3. 教师小结

通过同学们的分享，我们知道"减塑"可以从如下三个方面着手：减少使用、循环利用、变废为宝（板书）。

设计意图：采用小组合作探究法，激发学生探究兴趣，激励学生开动脑筋想办法，为"减塑"支招。同时让学生明白，他们也可以为保护环境作出自己的一份贡献，培养学生保护环境的责任感和使命感。

（四）拓展延伸

教师：请同学们根据自己家庭的实际情况，设计制订"我家的'减塑'方案"。

教师：请同学们以小组为单位，整理出本组的"减塑"方案，计时 5 分钟，请开始！

教师：老师已经将各组方案呈现在大屏幕上（利用软件中的投屏工具），让我们一起来评选出班级最佳"减塑"方案。

（五）总结评价

（1）评价学生的课堂表现：最佳小组为第×小组！位居榜首的是××同学！

（2）教师小结：同学们，今天，我们从"白色污染"说起，知道了什么是"白色污染"，了解了它的危害。从同学们的分享中，我们知道了很多"减塑"措施。"减塑"，从你做起，从我做起。未来，让我们一起努力，争做环保小卫士！

参考文献

［1］ 中华人民共和国教育部.义务教育道德与法治课程标准:2022年版［M］.北京:北京师范大学出版社,2022.

［2］ 李晓东.义务教育课程标准(2022年版)课例式解读:道德与法治［M］.北京:教育科学出版社,2022.

［3］ 王芳.中学政治课程资源的开发和利用［M］.北京:学苑出版社,2016.

［4］ 段兆兵,等.课程资源开发与利用:原理与策略［M］.芜湖:安徽师范大学出版社,2011.